KB055484

작은 부자

김·성·광·박·사·부·자·학·시·리·즈2

큰 부자도 부럽지 않은

작은 부자

김성광 지음

부자국민 부자국가 **도서출판 강남**

거대한 부를 쌓는 것은 한 편의 드라마 같지만,
개인의 인생을 생각하면 그리 행복하지만은 않다.
차라리 작은 부자가 되어라.
작은 부자는 자신이 좋아하는 일을 하며,
사랑하는 사람과 함께 행복한 인생을 즐길 수 있다.

– 일본 성공학자, 혼다 켄

큰 부자도 부럽지 않은 행복한 작은 부자를 꿈꿔라!

탐욕이 빚은 금융 위기의 고통

2008년, 금융 위기의 세찬 바람이 전 세계를 강타했습니다. 반 토막이 된 주식과 펀드 통장, 떨어지는 부동산 가격, 구조조정과 대량 해고의 공포, 멈춰 선 공장의 생산 라인, 텅 빈 가게와 식당들…. 금융 위기는 뉴스에 등장하는 미국 금융가뿐 아니라, 열심히 살아온 평범한 서민들의 생계까지 위협하는 고통이 되었습니다. 각국 정상들의 발 빠른 대처에도 불구하고 꽁꽁 얼어붙은 경제는 나아질 줄 몰랐고, '경제공황이 올지도 모른다' 는 협박성 기사들은 가뜩이나 좁아진 사람들의 어깨를 더욱 축 처지게 만들어 버렸습니다.

왜 이런 끔찍한 상황이 만들어졌을까요? 위기의 시발점은 미국의 '서브프라임 모기지론(비우량주택담보대출)' 이었습니다. 미국의 모기지은행들이 과당경쟁으로 신용도가 낮은 저소득층에게 무리하게 주택담보대출을 해주자, 사람들은 욕심을 내어 자신의 능력보다 과도하게 대출을 받아 집을 구입했고, 다시 그 집을 담보로 새 자동차 구입비나 대학 등록금, 심지어 휴가비까지 대출을 받았습니다. 그래도 부동산 가격이 계속 오를 것이니 문제없다고 생각했습니다. 또 탐욕에 사로잡힌 투자은행들은 고수익의 모기지 관련 파생금융상품을 팔았고, 투자 자금이 모이자 은행가들은 엄청난 보너스를 받으며 돈 잔치를 벌였습니다. 그러다가 금리가 오르고 집값이 떨어져 대출을 못 갚는 사람들이 점점 늘어나자, 결국 모기지 은행들은 파산하기 시작한 것입니다. 그리고 모기지 관련 파생금융상품에 투자했던 투자은행, 대형 은행, 보험회사뿐 아니라 미국 금융시장에 투자했던 전 세계의 은행과 금융기관까지 연쇄 폭풍을 맞았고, 세계 경제는 급속히 냉각되었습니다.

결국 이런 위기의 주범은 '탐욕' 이었습니다. 미국의 가정과 은행들의 탐욕이 엄청난 후폭풍을 몰고 온 것입니다. 탐욕 위에 세워진 부는 모래성처럼 허물어져 버렸습니다.

위기에서 배우는 지혜, '돈을 쫓아가지 말라'

사람들은 흔히 부자가 되려면 욕심이 있어야 한다고 말합니다. 욕심이 부자가 되고자 하는 동기를 부여한다고 생각하는 것입니다. 그러나 우리는 욕심의 대가가 얼마나 처절한지 이번 위기를 통해 뼈저리게 배웠습니다. 수천 년을 이어 전해져 온 성경의 지혜서, 잠언은 우리에게 이렇게 교훈하고 있습니다. "부자 되기에 애쓰지 말고 네 사사로운 지혜를 버릴지어다. 네가 어찌 허무한 것에 주목하겠느냐 정녕히 재물은 날개를 내어 하늘에 나는 독수리처럼 날아가리라"잠언23:4-5. 사사로운 지혜란 약삭빠른 상술, 악한 꾀와 같은 부정직한 지식을 가리킵니다. 부자가 되고 싶다고 수단 방법 가리지 않고 돈을 쫓아가면, 돈은 날개 달린 듯 어느새 날아가 버리고 맙니다.

욕심에 사로잡혀 돈을 쫓아가지 마십시오. 돈을 쫓아가면 돈은 도망가 버립니다. 대신 돈이 당신을 쫓아오게 만드십시오.

영국의 철학자 프란시스 베이컨은 “돈은 최선의 하인이자 최악의 주인이다”라고 말했습니다. 돈은 그것을 잘 다스리면 착한 하인처럼 유용하게 사용되지만, 잘 다스리지 못하여 돈이 오히려 주인이 되면 난폭한 폭군처럼 사람을 지배하여 고통스럽게 만듭니다. 그러므로 부자가 되고 싶다면 돈을 좇는 돈의 노예가 되지 말고, 돈의 주인이 되어서 돈이 좇아오게 만들어야 합니다. 돈의 주인이 된다는 말은 돈을 다스릴 줄 아는 능력, 돈을 잘 관리하고 제대로 사용할 줄 아는 지혜가 있어야 한다는 것입니다.

가뭄 끝에 소나기가 내려도 빗물을 받으려면 그릇이 필요합니다. 만약 작은 컵을 준비하면 작은 컵만큼을, 큰 항아리를 준비하면 큰 항아리만큼의 빗물을 받게 됩니다. 그러나 연못을 파 놓거나, 댐을 건축해 놓는다면 그만큼 풍성한 물을 저장해 놓을 수 있습니다. 준비된 그릇만큼 빗물을 담을 수 있는 법입니다. 마찬가지로 돈도 그 사람의 능력만큼 저장할 수 있습니다. 하루아침에 로또에 당첨되어 벼락부자가 된 사람 중에는 흥청망청 돈을 쓰다가 다시 알거지가 되는 사람도 많고,

사기나 범죄의 표적이 되는 사람, 알코올 중독이나 마약 중독에 빠져 타락하는 사람도 많습니다. 왜 그럴까요? 그 돈을 감당할 만한 능력이 없기 때문입니다.

이제 욕심을 버리십시오. 돈을 좇지 말고, 먼저 돈의 주인이 될 만한 자격을 갖추십시오. 그러면 돈은 자연히 쫓아오게 되어 있습니다.

현실에 발을 디딘 '작은 부자'를 꿈꾸면 돈이 쫓아온다

"큰 부자는 하늘이 내고 작은 부자는 사람이 만든다"라는 말이 있듯이, 역사에 이름을 남기는 큰 부자들은 아무나 노력한다고 쉽게 될 수 있는 것이 아닙니다. 큰 부자를 꿈꾸면서 열심히 살아가는 것은 좋은 일이지만, 욕심에 사로잡혀서 하루아침에 큰 부자가 되려고 한다면 인생을 파멸로 몰아갈 수 있습니다.

부자가 되고 싶다면 우선 '작은 부자'에 도전해야 합니다. 작은 부자는 가난에서 벗어나 부자로 들어가는 길목입니다. 가난에서 탈출한 사람은 작은 부자의 단계를 거쳐 큰 부자의 단계로 접어들게 됩니다. 또 작은 부자는 누구나 열심히 노력하면 이룰 수 있는 아주 현실적인 목표입니다. 작은 부자를 목표로 열심히 일하고 돈을 모으다 보면, 자연스럽게 돈의 가치를 깨닫게 되어 허투루 돈을 쓰지 않고 돈을 다스리는 능력을 배우게 됩니다. 그리고 그런 자격을 갖춘 작은 부자 중에서 큰 부자도 나오는 것입니다. 작은 부자의 단계를 거친 사람들은 돈을 다스리는 능력이 있기 때문에 큰 부자가 된 후에도 재산을 지켜나갈 수 있고, 사회와 국가를 위해 큰일도 감당할 수 있게 됩니다.

작은 부자에 대해 논의된 것은 2007년 시사 잡지 《주간동아》에서였습니다. 이 특집 기사에서 각계의 부자 전문가 8인은 작은 부자의 기준을 대체로 '거주하는 주택을 제외하고 약 10억 원의 자산을 보유한 사람'으로 꼽았습니다.

큰 부자를 정의할 때, 세계적인 경제 전문지 《포브스》는 '연 수입이 10억 원 이상인 사람'을, 세계적인 베스트셀러 작가 로버트 기요사키는 '자산이 100억 원 이상으로, 연간 10억 원을 버는 사람'을 꼽습니다. 이에 비하면, 작은 부자의 자산은 큰 부자의 약 10분의 1 수준이었습니다.

반면 2006년 기준, 중산층의 평균 총자산이 2억 7,000만 원인 것에 비해 작은 부자는 이보다 3~4배 많은 자산을 보유하는 수준이고, 중산층이 당장 일하지 않으면 생계에 큰 타격을 입는 것과 달리 작은 부자는 당장 일을 하지 않아도 생계에는 영향을 미치지 않는 경제적 자유를 획득한 사람들이라고 말할 수 있습니다.

현재 2~3억의 자산을 보유한 중산층이 100억대의 자산을 보유한 큰 부자가 되는 것은 불가능해 보이지만, 10억의 자산을 보유한 작은 부자가 되는 것은 실현 가능한 꿈입니다. 로또에 당첨되지 않더라도 힘쓰고 노력하면 현실에서 이룰 수 있는 목표인 셈입니다.

가끔 한평생 행상을 해 온 분들이 장학 기금으로 십여 억 원을 기부했다는 따뜻한 뉴스를 접할 때가 있습니다. 누구나 가난에 굴복하지 않고 땀 흘려 열심히 일하면 작은 부자가 될 수 있다는 것을 보여주는 대표적인 예입니다. 현실에 발을 디딘 작은 부자를 꿈꾸면 자연히 돈이 쫓아오게 되어 있습니다.

작은 부자의 꿈은 대한민국을 부자 국가로 만든다

행복의 측면에서 본다면 오히려 큰 부자보다 작은 부자가 한 수 위입니다. 영국의 워릭대 연구팀이 1990년부터 1999년까지 영국인 10만 명을 대상으로 가장 행복감을 느끼는 돈의 액수를 조사했습니다. 그 결과 영국인들이 가장 행복을 느끼는 돈의 액수는 100만 파운드(약 19억 원)였습니다. 100만 파운드를 벌 때까지는 돈을 많이 벌수록 행복감이 커졌지만, 그 후에는 돈을 더 많이 번다고 행복감이 커지지 않았습니다.

더 많은 돈이 더 많은 행복을 보장하지는 않습니다. 걱정과 두려움이 많은 큰 부자는 오히려 행복한 작은 부자를 부러워합니다. 그래서 작은 부자를 꿈꾸면 돈 때문에 행복을 잃는 어리석음을 범하지 않게 됩니다.

더 나아가 작은 부자를 꿈꾸면 부자 국가가 만들어집니다. 사회학자들은 작은 부자를 '중상층(Upper middle class)'이라고 부릅니다. 중산층(middle class)이 부유층과 빈곤층을 연결하는 한 사회의 허리 역할을 한다면, 작은 부자, 중상층은 한 사회의 어깨 역할을 한다고 합니다. 또 중산층이 늘어나면 사회가 안정이 되지만, 중상층인 작은 부자가 늘어나면 사회가 활기 넘친다고 합니다. 누구나 노력하면 부자가 될 수 있다는 꿈을 꿀 수 있는 사회이기 때문입니다.

열심히 일해서 부자가 된 자수성가형 작은 부자들이 많아지고 그 가운데서 큰 부자가 나오면, 국민들은 자신도 열심히 노력해서 성공하고 부자가 되겠다는 꿈을 꿀 수 있게 됩니다. 그러면 국가 전체가 열심히 일하고 노력하는 활기찬 분위기가 만들어집니다. 결국 작은 부자의 꿈은 대한민국을 부자 국가, 선진국으로 만드는 성장의 원동력이 될 것입니다.

부자가 되고 싶다면 먼저 현실에 발을 디딘 작은 부자를 꿈꾸십시오. 이 책을 쓴 목적도 바로 부자의 꿈을 잃어버린 사람들에게 현실적인 부자의 꿈을 다시 심어 주기 위함입니다. 비록 오늘은 가난의 자리에서 돈 고통에 눌려 있어도 내일은 나아지리라는 희망을 가지고, 작은 부자의 꿈을 꾼다면 부자의 길은 당신 앞에 펼쳐질 것입니다.

이 책은 그 부자의 길을 안내하는 작은 이정표로, 가난에서 탈출하는 방법 7가지, 부자에 도전하는 방법 7가지, 부자를 앞질러 선두가 되는 방법 5가지를 제시하고 있습니다.

작은 부자를 꿈꾸며, 금융 위기 한파로 움츠러든 어깨를 펴십시오. 희망의 새싹은 외부에서 심겨지는 것이 아니라 우리의 마음속에서 돋아나는 것입니다. 절망과 두려움으로 얼어붙은 마음을 뚫고, 작은 부자의 희망이 봄 새싹처럼 피어나기를 바라며 글을 엽니다.

청평 화야산 기슭에서

김성광 박사

| CONTENTS |

이 책은…

가난에서 탈출하여 부자의 길목에 들어선 작은 부자들의
성공과 행복의 지혜를 전하고 있다.

1장 가난에서 탈출하라

작은 부자의 첫 단계 … 가난에서의 탈출

2장 부자의 대열을 따라가라

작은 부자의 두 번째 단계 … 부자에게 도전

3장 부자들의 앞줄에 서라

작은 부자의 세 번째 단계 … 부자의 선두 주자

| 제 1 장 |

가난에서 탈출하라

작은 부자의 첫 단계 … 가난에서의 탈출

작은 부자로 가는 첫걸음은 가난에서의 탈출에서 시작된다. 막연히 가난에서 벗어나고 싶다는 생각이 아니라 반드시 가난에서 탈출하겠다는 결의가 필요하다. 그리고 발버둥 쳐야 한다. 이 1장에서는 그렇게 가난에서 탈출하는 7가지 방법을 제시하고 있다.

작은 부자의 첫 단계 … 가난에서의 탈출 1

작은 부자를 꿈꿔라

평생 김밥 장사로 번 50억 원대 재산을 충남대에 기증한 이복순 할머니. 39세에 남편과 사별한 후 김밥 장사를 시작한 할머니는 동전 한 닢도 아끼며 열심히 살아오셨습니다. 그렇게 한 푼 두 푼 모은 돈으로 조금씩 사둔 땅이 부동산 개발 붐을 타고 값이 50억대에 이르자, 이 부동산을 외아들에게 상속하는 대신 대학에 장학금으로 내놓은 것입니다.

노량진수산시장에서 평생 젓갈 장사를 하며 모은 돈으로 장학 재단을 설립하고, 또 다시 모아 둔 10억 원대의 부동산까지 대학에 기부해 세상을 놀라게 만든 류양선 할머니. '할매 아귀찜' 식당으로 번 돈 1억 원을 불치병 환자를 위해 서울아산

병원에 후원한 김공순 할머니.

가끔 이런 뉴스를 접할 때면 코끝이 찡해져 옴을 느낍니다. 홀로, 그것도 여성의 몸으로 자식까지 키우면서 그만한 재산을 모으기까지 얼마나 열심히 일하고 아끼며 살았을지 짐작이 가기 때문입니다. 그럼에도 아무 욕심 없이 재산을 나눠 주는 모습을 볼 때면 존경심을 넘어, 그렇게 못하는 이들에게 부끄러움마저 들게 합니다. 그런데 달리 생각해 보면, '김밥 장사, 젓갈 장사, 식당 영업 같은 일로도 평생 열심히만 하면 그만한 재산을 모아 부자가 될 수 있구나' 하는 생각에 희망을 가지게 됩니다.

이렇듯 우리 주변에는 숨겨진 작은 부자들이 적지 않습니다. 굳이 대기업 총수나 고위 인사의 거창한 성공 신화를 들먹이지 않더라도, 평범한 서민들 가운데 가난에서의 탈출에 성공해서 알부자가 된 사람들이 있다는 말입니다. 과연 이들에게는 어떤 특별한 비법이 있었던 것일까요?

많은 사람을 상대로 하는 직업을 가진 저로서도 이것이 궁금했습니다. 저를 찾아와 상담을 청한 사람 중에는 사업 실패로 빈손이 되었지만 마음을 추스르고 밑바닥부터 다시 시작해서 중소기업의 사장이 된 사람이 있습니다. 또 가난한 월세에서 시작한 신혼부부가 강남의 아파트를 가진 알부자가 된 경우도 있습니다. 그러나 어떤 사람들은 아무리 격려하고 조언을 해 주어도 전혀 달라지지 않았습니다. 도대체 그 차이가 무엇일까요? 그것은 꿈입니다.

가난에서 탈출해 부자가 된 사람들은 한결같이 마음속에 확실한 꿈이 있었습니다. 놀랍게도 그저 막연히 '부자가 되면 얼마나 좋을까' 하고 생각하는 사람은 많지만, '나는 100평 아파트에 살며 고급 승용차를 몰겠다', '나는 전원주택에서 여유로운 은퇴 생활을 하겠다', '40대에 부자가 되어 아프리카 어린이를 돕겠다' 와 같은 구체적인 부자의 꿈을 변함없이 가지고 있는 사람은 의외로 많지 않습니다. 어쩌다 한번 머릿속으로 부자가 된 자신의 모습을 그려 보더라도, 곧 '그저 꿈은 꿈일 뿐이지' 라고 단념해 버리기 쉽습니다. 하지만 스스로 포기하지 않고, 지속적으로 꿈을 꾸고 노력한다면 이런 일이 결코 남의 일만은 아닙니다.

가난을 이기고 부자가 된 사람들은 대부분 확실한 부자의 꿈이 있었습니다. 그래서 그들은 늘 '어떻게 하면 부자가 될 수 있을까' 를 골똘히 생각했고, 분초를 아끼며 부자가 되기 위해 일하고, 모험도 서슴지 않아서 결국 부자가 된 것입니다. 이처럼 꿈은 힘이 있습니다. 꿈이 그를 실천으로 이끌어 가기 때문입니다.

할리우드 최고의 코미디 영화배우 짐 캐리. 그는 '꿈의 힘'을 보여 주는 사람입니다. 어려서부터 '최고의 영화배우가 되겠다' 고 꿈을 꾼 그는 고향 캐나다를 떠나 무작정 영화의 본거지 미국으로 갔습니다. 그러나 그는 클럽에서 일하며 단칸방에서 딸을 키우는 배고픈 시절을 보내야 했습니다. 아무도 그의 앞날을 장담할 수 없었던 암울한 시절, 그는 수표책을 꺼내서 자기 자신에게 1,000만 달러짜리 수표를 끊어 주었습니다. 그리고 그 수표를 지갑에 넣고 다니면서 늘 '언젠가 나도 출연료 1,000만 달러를 받는 영화배우가 될 것이다' 라는 꿈을 꾸었습니다. 그러자 힘이 생겼습니다. 그는 어떤 실패에도 굴하지 않고 힘든 무명 시절을 견뎌 내면서, 꿈을 이룰 방법을 찾고 또 찾았습니다. 그리고 마침내 '덤 앤 더머'와 '배트맨'의 출연으로, 세계적인 영화배우로 발돋움할 수 있게 된 것입니다.

프랑스의 작가 생텍쥐페리는 말합니다. "만약 배를 짓고 싶다면 북을 쳐서 남자들을 불러 모으고 일을 나누어 줄 것이 아니라, 그들에게 무한히 넓은 바다에 대한 동경심을 심어 주어라." 사람을 움직이게 만드는 것은 어떤 계획이나 환경 여건이 아니라 마음속의 꿈입니다. 꿈을 꾸기 시작하면 열정이 생기고, 행동을 유발하고, 잠재력을 이끌어 냅니다. 그래서 꿈이 있으면 무슨 일이든 할 수 있습니다.

최근 TV를 보며 가슴 뭉클한 장면이 있었습니다. 미국의 한 흑인 노인이 버락 오바마 대통령의 당선을 지켜보면서, "마틴 루터 킹 목사의 꿈이 바로 오늘 이루어졌습니다"라며 울먹이던 장면입니다. 미국의 흑인 인권 운동가 마틴 루터 킹 목사는 인종차별의 현실에 굴하지 않고 꿈을 꾸었습니다.

"I have a Dream(나에게는 꿈이 있습니다). 언젠가 조지아

주의 붉은 언덕 위에서 노예의 후손들과 노예를 부렸던 사람들의 후손들이 형제의 식탁 위에서 함께 자리할 수 있을 것이라는 꿈이 있습니다. 나에게는 꿈이 있습니다. 언젠가는 나의 네 명의 어린 아이들이 피부 색깔로써가 아니라, 이들 각자의 성격으로 판단되는 그런 나라에서 살게 될 것이라는 꿈이 있습니다."

40년 후, 마틴 루터 킹 목사의 꿈은 현실이 되었습니다. 설마 그런 일이 일어나겠냐고 의심했던 많은 사람들을 놀라게 하며 미국 최초의 흑인 대통령이 당선된 것입니다. 버락 오바마 대통령의 선거 구호 "Yes, We can!(예, 우리는 할 수 있습니다)" 처럼 꿈은 무엇이든지 할 수 있게 만드는 힘이 있습니다.

부자가 되고 싶다면 먼저 '부자'를 꿈꿔야 합니다. 날마다 부자를 꿈꾸며, 자신이 부자가 된 모습을 상상하십시오. 한 경제지 기사에 따르면 한국의 자수성가한 부자 중 76%는 부자가 되기 전에 이미 '부자가 되겠다'는 꿈을 꾸었다고 합니다.

꿈을 꾸고, 상상의 나래를 펴는 것이 무슨 효과가 있느냐고 반문하는 사람이 있겠지만, 그렇지 않습니다. 꿈을 꾸는 사람은 자신 안의 무한한 잠재력을 키워낼 수 있습니다. 아무리 힘든 일을 만나도 꿈이 있기에 신 나고 즐겁습니다. 그렇게 열심히 살다 보면 결국 꿈을 이루게 됩니다. 반대로 꿈이 없으면 인생이 그저 절망스럽고 고통스럽게만 느껴져 열심을 내지 못하게 됩니다. 그러면 정말로 꿈은 멀어져 갑니다.

그러나 꿈을 꾼다고 허황된 한탕을 꿈꿔서는 안 됩니다. 이상하게 경제가 어려워지면 허망한 로또에 인생을 거는 사람들이 늘어납니다. 최근 일어난 30대 중국집 종업원이 로또로 인생 역전을 꿈꾸며 3,000만 원어치의 복권을 샀다가 모두 낙첨되자 목숨을 끊은 사건, 취업에 실패한 20대 청년이 통장에 남은 270만 원을 모두 털어 복권을 샀다가 당첨되지 않자 자살한 사건 등은 허황된 꿈의 결말을 보여 줍니다. 사행성 게임이나 도박에 빠지는 사람들도 마찬가지입니다. 이들이 허황된 꿈을 꾸는 것은 현실에서 꿈을 잃어버렸기 때문입니다.

참된 꿈을 꾸는 사람은 현실에 발을 디디고 꿈을 꿉니다. 꿈의 힘은 그것을 실현하기 위해 노력하는 데 있습니다. 누구나 꿈이 있으면 먼저 구체적인 목표를 세우고, 힘들더라도 열심히 노력하게 됩니다. 그리고 꿈을 이루기까지 오랜 세월 인내합니다. 그렇기에 꿈을 꾸는 사람은 결국 그 꿈을 이루어 내는 것입니다.

부자를 꿈꾸되 허황되지 않게 꿈꾸는 것, 어려워 보이지만 사실은 간단합니다. 현실에 발을 디딘 '작은 부자'를 꿈꾸면 되는 것입니다. 작은 부자는 가난에서 탈출해서 부자의 길로 들어서는 입구입니다. "큰 부자는 하늘이 내고 작은 부자는 사람이 만든다"라는 말처럼, 큰 부자는 기회와 여건이 필요할 수 있지만, 작은 부자는 노력하면 누구나 될 수 있습니다. 그렇기에 현명한 사람은 작은 부자를 먼저 꿈꿉니다.

『왕비 재테크』의 저자 권선영 씨는 "내 꿈은 작은 부자다"라고 당당하게 말합니다. 간호사였던 그녀는 22세 어린 나이에 2,900만 원짜리 단독주택 전세에서 신혼 생활을 시작했습니다. 어려운 형편 중에도 그녀는 꿈을 키우며 투잡(two job)을 마다 않고 열심히 일했고, 결혼 3년 만에 종잣돈 1억을 모아

담보대출과 전세를 안고 3층짜리 다가구 주택을 구입하는데 성공합니다. 그리고 결국 결혼 10년 만에 10억의 재산을 모은 작은 부자가 되었습니다. 이 재테크 성공담은 그녀를 베스트셀러 작가이자 많은 이들의 벤치마킹 대상으로 만들어 주었습니다.

이 이야기를 듣고 어떤 사람들은 10억이면 강남의 아파트 한 채 값밖에 되지 않는다고 비웃을 수도 있습니다. 그러나 우리나라 중산층 국민의 평균 자산이 2억 7,000만 원에 불과한 것과 비교해 볼 때 결코 작은 돈이 아닙니다. 게다가 작은 부자의 목표를 이룬 사람은 돈보다 더 귀한 자산을 얻게 됩니다. 그것은 바로 '부자가 되는 습관과 생활 태도' 입니다. 작은 부자를 목표로 열심히 일하고 돈을 모으다 보면, 돈을 다스리는 방법, 돈을 사용하는 방법, 돈을 굴리는 방법을 배우게 됩니다. 돈에 대한 바른 지식과 바른 씀씀이가 습관으로 몸에 배게 되는 것입니다. 자수성가한 작은 부자가 이런 부자 되는 습관과 생활 태도를 계속 지켜 나가면 결국 큰 부자도 될 수 있습니다. 작은 부자는 큰 부자로 나아가는 전 단계인 셈입니다.

작은 부자를 꿈꾼 권선영 씨가 지금껏 배운 돈에 대한 태도와 습관을 계속 지켜 나간다면 그녀는 아마 더 큰 부자가 될 것입니다.

그러기에 저는 자신 있게 권할 수 있습니다. 부자가 되기 원한다면, 먼저 작은 부자를 꿈꾸십시오. 작은 부자를 꿈꾸는 순간 당신의 삶은 매일매일 활기로 넘치게 될 것입니다. 그 활기찬 일상이 바로 당신을 부자로 이끌어 주는 첫 시작입니다.

단숨에 억만장자가 되기를 꿈꾸지 말라.
세상에 공짜는 없다. 단돈 10센트라도 쉬지 않고 벌 생각을 하라.
– 미국 경제 전문지 《포춘》, '사회 초년생들을 위한 15가지 성공 방법'

고등학교를 졸업하고 어린 나이에 무작정 서울로 올라온 홍일태 씨. 그는 형의 권유로 낙원동의 한 떡집에서 떡 만드는 기술을 배우게 되었습니다. 가게 좌판에서 선잠을 자며 기술을 배운 그는 '언젠가 나도 내 떡집을 차려 부자가 되겠다' 는 꿈을 꾸었습니다.

몇 년 후, 그는 평생 동업자인 아내를 만나 결혼을 했고, 서울 압구정동에 9평짜리 '건강떡집' 을 차렸습니다. 떡쌀을 씻는 수돗가와 기계를 놓고 나면 작은 테이블 하나가 겨우 들어가는 작은 가게. 과연 이런 조그만 떡집으로도 부자가 될 수 있을지 사람들은 의구심을 가졌지만, 그는 떡으로 백만장자가 되겠다는 꿈을 포기하지 않았습니다. 부부는 최고의 떡을 만들겠다는 각오로 하루도 빠짐없이 새벽부터 가게에 나와 떡을 만들었습니다.

부부는 오직 떡 한 가지만 생각했습니다. '어떻게 하면 맛있는 떡을 만들 수 있을까?', '어떻게 하면 더 편하게 손님들이 먹을 수 있을까?' 그는 먼저 재료가 좋아야 한다는 생각에 국산 유기농 농산물을 사용했습니다. 그리고 새로운 떡을 개발하고자 노력했습니다. 쑥인절미에 유자가 들어간 소를 넣고 말아서 깨를 묻힌 깨송이떡, 인절미에 백년초 가루를 넣고 반죽하여 소를 넣은 백년초말이떡. 이렇게 부부는 말만 들어도 군침이 도는 맛있는 떡을 만들고, 손님들이 편하게 먹을 수 있도록 떡 하나하나를 정성스레 개별 포장해 서비스의 질을 높였습니다.

마침내 떡 맛이 소문이 나면서 주문이 끊이지 않았습니다. 주문이 많을 때는 새벽 2시에 일어나서 떡을 쪄야 하는 고된 일정에도 꿈을 가진 부부는 피곤한 줄 몰랐습니다. 결국 부부는 꿈을 이루어, 떡집으로 10억대의 자산을 가진 작은 부자가 되었습니다.

부부의 이야기는 『9평 가게로 백만장자 되기』라는 책으로 세상에 알려졌고, 작은 부자의 꿈을 꾸는 많은 사람들에게 희망을 전하는 메신저가 되었습니다.

당신이 있는 그 자리에서 작은 부자의 꿈을 꾸십시오. 꿈은 이루어집니다.

작은 부자의 첫 단계 … 가난에서의 탈출 2

부자 생각으로 채워라

한 청년이 전자 부품을 만드는 작은 중소기업에 연구원으로 취직을 했습니다. 한데 청년이 입사를 하고 보니 이 회사는 심각한 재정 위기에 처해 있었습니다. 직원들은 모이기만 하면 "회사가 언제 망할지 모르겠다"라고 수군거렸습니다. 신입 직원들은 "이런 회사에 있으면 큰일이니까 모두들 그만두자"라며, 다섯 명 중에 네 명이 사직서를 제출했습니다.

홀로 남은 청년도 고민이 되었지만, '나는 어차피 갈 곳도 없다. 매일 불평한다고 해서 뾰족한 수가 생기는 것도 아니고 차라리 연구에나 몰두해 보자' 라고 생각을 바꿨습니다.

그날부터 청년은 연구에 전념하기 시작했습니다. 처음에는 딴 생각을 막기 위해서 시작했지만, 차츰 연구에 깊이 몰입하게 되었습니다. 기숙사에 머물던 청년은 기숙사를 오가는 시간이 아까워 연구실에 취사도구를 옮겨 놓고, 연구실에서 먹고 자면서 연구에만 몰두했습니다.

그러자 놀라운 성과가 쏟아져 나오기 시작했습니다. 연구를 시작한 지 1년 반 뒤, 그는 '마그네슘 감람석'이라는 새로운 파인세라믹스 합성을 이뤄 냈습니다. 이것은 세계 최초의 신재료로, 업계의 판도를 바꿀 만한 대단한 성과였습니다. 이 청년이 훗날 일본의 교세라 그룹을 세운 이나모리 가즈오 회장입니다.

심리학자 미하이 칙센트미하이는 사람이 한 가지 생각에 깊이 몰입할 때 자신의 지적 능력이 최대로 발휘되고, 그 순간 최고의 행복감을 느끼게 된다고 말했습니다. 이것이 바로 생각의 힘입니다. 사람이 생각에 깊이 몰두하면 그때부터 놀라운 잠재력이 발휘됩니다.

가난에서 탈출해서 부자가 되려면 이 생각의 힘을 사용할 줄 알아야 합니다. '나도 부자가 되겠다', '어떻게 하면 부자가 될 수 있을까?' 하는 '부자 생각'에 깊이 빠지면, 자신도 미처 깨닫지 못한 자신의 잠재력이 발휘되어 부자의 꿈을 이룰 수 있습니다.

실제로 부자가 된 사람들은 모두 이런 부자 생각으로 가득 찬 사람들이었습니다. 서울여대 한동철 교수는 『부자학 개론』에서 "부자는 하루 24시간 중 눈을 뜨고 있는 17시간 정도를 부자가 되겠다는 부자의 관점에서 생활한다. 일반인은 1시간 정도만 그렇게 한다"라고 말하고 있습니다.

세계 2위의 부자이자 금세기 최고의 투자가로 손꼽히는 워렌 버핏도 이를 증명합니다. 그도 처음부터 부자는 아니었습니다. 주식 중개인이었던 그의 아버지가 금융 위기로 직장을 잃자, 그는 하루하루 생계를 이어가기도 힘든 가난한 시절을 보내야 했습니다. 그러나 그는 어린 나이에 신문 배달원, 골프장 캐디로 일하면서도 '나는 반드시 부자가 된다'라는 생각을 잃지 않았습니다. 5세부터 장사를 시작하고, 11세부터 주식을 배우면서 늘 어떻게 해야 돈을 벌 수 있을지 고민했습니다.

그리고 도서관에 있는 주식 관련 책을 전부 읽을 정도로 부자 되기에 몰두했습니다. 이런 노력이 그의 투자 철학에 큰 밑거름이 되었습니다. 경영대학원을 졸업한 후 월가의 투자 회사에 들어가 단돈 100달러로 투자를 시작한 그는, 56년간 연평균 20% 이상의 수익을 올리며 결국 세계 2위의 부자가 되었습니다. 부자가 된 이후에도 여전히 그는 변함이 없습니다. 그의 회사 직원들은 "버핏은 하루 24시간 회사에 대해 생각한다"라고 말할 정도입니다. 이처럼 부자가 되고 싶다면 '나는 부자가 되겠다'는 부자 생각에 사로잡혀야 합니다.

그런데 이런 부자 생각에 빠지지 못하게 만드는 방해 요소가 있습니다. 바로 가난의 생각입니다. 미국의 성공학자 나폴레온 힐은 말합니다. "부는 모든 불황 속에서도 변함없이 감추어져 있다. 단 가난한 사람들은 가난에 뿌리박고 있는 자신의 생각 때문에 부자가 될 수 없는 것이다." 부자가 되지 못하는 이유는 불황이나 자금 부족과 같은 사회, 경제적 여건 때문이 아니라 생각 때문이라는 것입니다. '부자가 될 필요가 없다',

'부자가 될 수 없다'라고 생각하는 사람은 절대로 부자가 될 수 없습니다. 이런 생각은 부자가 되는 것을 방해합니다. 그러므로 부자가 되려면 먼저 생각을 바꾸어야 합니다. 저는 구체적으로 부자가 되려면 2가지 생각을 바꿔야 한다고 말하고 싶습니다.

첫째로 돈에 대해 긍정적인 생각을 가져야 합니다. 세계적인 베스트셀러 『부자 아빠 가난한 아빠』는 가난한 사람과 부자의 사고방식이 어떻게 다른지 잘 보여 주고 있습니다. 가난한 아빠들은 "돈을 좋아하는 것은 모든 악의 근본이다. 돈은 중요하지 않다. 나는 절대로 부자가 되지 못할 거다"라고 말하지만, 부자 아빠들은 "돈이 부족한 것은 악의 근본이 된다. 돈이야말로 정말 힘이다. 나는 너희 때문에 열심히 일해서 부자가 되었다"라고 말한다고 합니다. 그리고 가난한 아빠가 가난한 것은 돈을 적게 벌었기 때문이 아니라 돈에 대한 부정적인 사고와 행동 때문이라고 결론을 내립니다.

돈을 하찮은 것으로 여기거나, 부자를 부도덕한 나쁜 사람으로 생각한다면 절대로 부자가 될 수 없습니다. 미국 경영학자 토머스 J. 스탠리는 그의 베스트셀러 『백만장자 마인드』에서 대부분의 부자들은 정직하고 성실하며, 자기 관리에 철저한 성공한 사람이라는 것을 실제 조사를 통해서 증명하고 있습니다.

성경도 돈 자체를 악의 근원으로 가르치지는 않습니다. '돈을 사랑함이 일만 악의 뿌리가 되나니' 디모데전서6:10라는 말씀대로, 돈이 아니라 돈을 사랑하는 마음이 악하다고 가르치고 있습니다. 돈을 선한 일에 도구로 사용하지 않고, 돈 욕심에 빠져서 돈을 사랑하고 돈만 좇아가는 것이 악이라고 말합니다. 오히려 전도서에는 '재물과 부요는 하나님의 선물' 전도서5:19이라고 말하고 있습니다. 재물과 부요를 선한 일에 사용할 때 인생은 즐거움이 가득하게 됩니다. 부자가 되기 원한다면 돈에 대해 긍정적인 생각을 가지십시오. 긍정적인 부자관이 부자를 만들어 줍니다.

둘째로 '나도 부자가 될 수 있다'는 생각을 가져야 합니다. 사람들은 때로 부자는 타고나야 한다고 생각합니다. 부모에게 상속받은 재산이 많거나, 천재적인 재능을 가졌거나, 운을 타고나야 한다고 말입니다. 그러나 미국 경제지 《포브스》에 따르면 세계의 부자 중 57%가 자수성가형 부자라고 합니다. 한국의 부자도 60%가 자주성가형 부자, 35%가 전문가형 부자라는 조사 결과가 발표된 바 있습니다. 이처럼 부자 대부분이 가난에서 탈출해서 열심히 일해 큰 부를 일궈낸 사람들입니다. 생각만 바꾸면 누구나 부자가 될 수 있습니다. 부자가 되는 것을 가로막는 유일한 것은 바로 나 자신의 생각뿐입니다. '나도 부자가 될 수 있다' 라고 생각하면 그 생각대로 부자가 될 수 있습니다.

가난한 유태인 가정의 여덟 자매 중에 장녀로 태어난 헬레나 루빈스타인. 그녀는 자신이 연약한 여자로 태어난 것이 불만이었습니다. 여자는 성공도 할 수 없고, 부자도 될 수 없다고 생각했기 때문입니다. 그러나 그녀의 어머니는 딸의 생각을 바꿔 주고 싶어서, 성경의 '다윗과 골리앗' 이야기를 들려주었습니다. "다윗은 15세의 어린 소년이고, 골리앗은 키가 2.9m나 되는 거인 장수였단다. 이 둘이 전쟁에서 맞붙어 싸우게 되었어. 사람들은 거인 골리앗이 두려워서 감히 맞서 싸우지도 못했지만, 용감한 다윗은 눈앞에 거인을 보고도 전혀 겁먹지 않았지. 오히려 '저렇게 덩치가 크니 어디에 돌을 던져도 맞힐 수 있겠구나' 라고 생각해서 물맷돌을 던졌단다. 그 돌은 골리앗의 이마에 정확히 맞았고 다윗은 골리앗을 이길 수 있었어. 이 세상은 힘만으로 살아가는 것이 아니야. 힘만 센 사람은 지혜로운 사람을 이길 수 없단다." 그리고는 계속 말을 이었습니다. "하나님은 공평하셔서, 남자가 잘할 수 있는 일과 여자가 잘할 수 있는 일을 구분해 놓으셨단다. 그러니 여자 나름의 능력을 발휘하면서 살면 돼. 유대인의 상술에도 여자와 입을 상대로 돈을 벌라고 가르치고 있잖니? 어느 남자라도 여자의 도움 없이는 부와 성공을 얻을 수 없단다."

어머니의 이야기를 들은 그녀는 여자도 무엇이든지 할 수 있다는 긍정적인 생각을 가지게 되었고, 이다음에 크면 돈을 많이 벌어 부자가 될 거라고 결심했습니다.

30세가 되자 그녀는 본격적으로, 사업에 뛰어들었습니다. 그녀는 어머니의 가르침대로 여자들을 공략하는 화장품 사업을 선택했습니다. 폴란드 친척 한 명이 만든 화장품을 가지고, 홀로 미개척 시장인 호주로 가서 판매하기 시작한 것입니다. 고객의 피부 상태에 맞춰 제조한 그녀의 화장품은 인기 폭발이었습니다. 런던, 파리, 미국까지 진출한 그녀의 화장품 사업은 큰 성공을 거두었습니다. 이 화장품이 바로 세계적인 명품 헬레나 루빈스타인입니다.

경제가 어렵고 하는 일이 잘되지 않아 절망에 빠져 있다면 이제 생각을 바꾸십시오. 이 어려움이 오히려 인생의 더없이 귀한 교훈이 될 것이라고 말입니다. 그리고 '나도 부자가 될 수 있다'는 부자 생각으로 머릿속을 꽉 채우십시오. 생각이 바뀌면 행동이 바뀌고, 행동이 바뀌면 습관이 달라집니다. 그리고 그 습관은 당신의 운명을 바꿀 것입니다. 가난에서 부자가 되는 길은 생각에 달려 있습니다.

어제의 당신 생각이 오늘의 위치를 결정한다.
오늘 당신이 가난하다면 어제 당신이 가난을 생각하고 받아들였기 때문이다.
당신이 내일 백만장자가 되고자 한다면 오늘 백만장자처럼 생각하라.
– 토머스 앤더슨, 『크리스천 부자백서』

작은 부자 이야기 2

"왜 한국에서는 부자가 욕을 먹어야 하나요?"

인터넷 경제지 《머니투데이》에 서울에서 마을버스 사업을 하는 C씨의 인터뷰 기사가 실렸습니다. 그녀는 열심히 노력해서 부자가 된 사람들을 깎아내리는 말을 들을 때마다 화가 난다고 합니다. 그 이유는 자신이 바로 맨손으로 가난에서 탈출해 부자가 된 사람이기 때문입니다.

그녀는 충남의 한 상업고등학교를 졸업한 후 서울로 올라와 마을버스 회사에 경리로 취직을 했습니다. 여성, 고졸, 가난한 가정. 그녀가 가진 조건은 부자와는 거리가 멀었습니다. 하지만 그녀는 그런 고정관념에 매이지 않고, 자신의 자리에서 열심히 일했습니다. 경리부에서 몇 년쯤 일하다 보니 돈의 흐름이 보였고, 마을버스 회사도 돈벌이가 되겠다는 계산이 나왔습니다. 그때부터 그녀는 '나도 언젠가는 마을버스 사업을 해 봐야겠다'는 생각을 가지고, 이 회사가 내 회사라는 생각으로 나름대로 회사의 장점과 개선할 점을 세심하게 살펴보면서 최선을 다해 일했습니다.

4년 만에 그녀에게 기회가 왔습니다. 경영이 어려워진 마을버스 회사가 매물로 나왔다는 소식을 들은 것입니다. 인수 대금은 3억 5,000만 원 정도였습니다. 그녀는 적금을 깨고, 가까운 친지들과 지인들로부터 자금을 조달한 뒤, 나머지는 은행에서 대출을 받아 돈을 마련했습니다. 결국 그녀는 자신의 목표대로 마을버스 회사의 사장이 되었습니다.

그러나 사업은 머릿속으로 생각하던 것과는 차이가 컸습니다. 회사를 인수한 뒤 3년 동안 몇 번의 부도 위기를 겪어야 했습니다. 운행 지역이 좁고 운행하는 버스도 7대밖에 되지 않아 운영의 한계가 있었던 것입니다. 그녀의 회사뿐 아니라 인근 지역의 마을버스 회사도 비슷한 상황이었습니다. 그때 그녀는 모험을 감행했습니다. 인근 지역 마을버스 회사를 인수해서 운행 지역을 넓히겠다는 전략이었습니다. 아차하면 다시 빈손이 되기 십상이었지만, 그녀는 도전했고 결과는 성공적이었습니다.

현재 그녀의 회사는 버스 16대를 운행하는 안정적인 마을버스 회사가 되었습니다. 게다가 이 지역에 아파트가 많이 건설되어 차츰 수익도 늘어났습니다.

그녀는 아직 큰 부자는 아니지만 빈손으로 시작해 이 정도의 사업을 이뤘으니 작은 부자라는 말을 듣기에는 부족함이 없습니다. 40명의 직원에게 일자리를 마련해 주고, 세금도 꼬박꼬박 내고 있다는 그녀는 자신이 자랑스럽습니다.

부자가 되고 싶다면 먼저 생각을 바꾸십시오. '나도 부자가 될 수 있다' 라고 생각하십시오. 부자 생각이 부자를 만듭니다.

작은 부자의 첫 단계 … 가난에서의 탈출 3

가난의 소굴에서 떠나라

"가난은 대물림 된다"라고 말합니다. 가난한 부모에게서 태어난 아이들은 제대로 된 교육을 받지 못해 보수가 좋은 직업을 얻기 힘들고, 자연히 부모 대의 가난을 잇게 된다는 말입니다. 안타까운 것은 이들 중 일부는 사회에 대한 불만, 부자에 대한 까닭 없는 분노로 사회 범죄를 일으키며 더 깊은 수렁에 빠지기도 한다는 것입니다. 한번 가난의 소굴에 빠지면 그만큼 벗어나기 어렵습니다.

이런 가난의 악순환을 끊는 방법은 없을까요? 어떤 사람들은 사회구조를 바꾸거나 혁명을 일으켜야 한다고 말합니다. 그러나 세상을 바꾼다고 가난의 악순환을 끊지는 못합니다.

공산주의 혁명을 일으켰던 나라들은 다 함께 부자가 된 것이 아니라 다 함께 거지가 되어 버리지 않았습니까? 차라리 자신을 바꾸십시오. 그러면 가난에서 벗어날 수 있습니다. 이것이 가장 현실 가능한 방법입니다. 사람들의 이런 변화가 모일 때, 차츰 세상도 바뀌는 것입니다.

가난에 젖은 자신을 바꾸려면 어떻게 해야 할까요? 우선 가난의 소굴에서 떠나야 합니다. 세계적인 경영컨설턴트 브라이언 트레이시는 말합니다. "독수리가 되고 싶다면 독수리 떼와 함께 날아라. 칠면조 무리에 섞여 있으면서 독수리를 꿈꾸지 말라." 가난에서 벗어나고 싶다면 가난의 무리에서 떨어져 나와야 합니다. 가난의 무리에 속해 있으면, 가난을 당연시하는 가난 근성을 가지게 됩니다. 가난 근성에 빠지게 되면 '나는 원래 가난하다. 나는 가난에서 벗어날 수 없다'라는 생각에 젖어, 부자가 되려는 노력을 포기하게 됩니다. 남보다 열심히 일하지도 않고, 새로운 도전이나 모험도 하지 않습니다. 자신이 가지고 있는 것은 보지 못하고, 자신에게 없는 것만 크게 보여서, 부모 탓, 운명 탓, 사회 탓만 하며 세월을 낭비합니다.

가난 생각에 찌들어 남을 돕겠다는 생각은 꿈도 꾸지 못하고, 항상 남의 도움만 받으려는 공짜 심리가 만들어집니다. 자기 인생의 주인공은 자신이라는 당당한 자신감도 잃게 되어, 항상 주눅이 든 채 주변을 맴도는 인생을 살게 됩니다. 이렇게 가난 근성에 빠지면 절대로 부자가 될 수 없습니다. 가난 근성을 버려야 합니다.

그런데 가난의 자리, 가난의 무리에 섞여 있으면 이런 가난 근성을 버리기가 좀처럼 쉽지 않습니다. 자신도 모르는 사이에 가난 근성이 몸에 배어 벗어나기 힘들게 되기 때문입니다. 마치 부모의 잘못된 습관을 자녀가 인식하지 못하는 사이에 배우게 되는 것처럼 말입니다. 그러므로 가난의 무리에서 벗어나야 합니다.

가난의 무리에서 벗어나야 한다고 무조건 집을 나오라는 말은 절대로 아닙니다. 가난 근성을 가지게 만드는 가난의 사고방식, 가난의 습관, 가난의 문화에서 벗어나라는 것입니다. 당신이 가난에서 탈출하려고 시도할 때, 가난 근성에 빠진 다른 이들은 '네 주제를 알아라. 너는 어쩔 수 없다' 라고 비난하며 당신의 발목을 잡을 수 있습니다. 그러나 이때 맞장구를 치면 안 됩니다. '나는 다르다' 라고 생각해야 합니다. '비록 지금은 내 형편이 어렵지만 나의 본 모습은 그렇지 않다. 나는 부자가 될 사람이다' 라고 생각해야 합니다. 그리고 남보다 열심히 일하고, 배움을 멈추지 말고, 변화와 모험을 추구해야 합니다.

부자들은 은연중에 '나는 다르다', '나는 부자다' 라는 부자 근성을 가지고 있습니다. 항상 당당하고 자신감 넘치며, 주인공이 되려고 합니다. 물론 이것이 잘못되어 남을 무시하고 교만에 빠지는 졸부들도 있지만, 진정한 부자들은 남을 존중하고 배려하면서도 넘치는 자신감과 긍정적인 사고로 가득 차 있습니다. 그렇기 때문에 남보다 더 열심히 일하고, 모험도 두려워하지 않게 됩니다. 그러므로 가난에서 벗어나려면 가난 근성을 버리고, 이런 부자 근성을 가져야 합니다.

'가난의 소굴에서 떠나라', '가난의 무리에서 벗어나라' 는 말은 비록 자신을 둘러싼 환경과 형편이 가난일지라도 가난의 근성에 빠지지 말고, 부자의 근성을 가지도록 힘쓰라는 말입니다. 가난의 근성에 빠진 사람들과 어울리지 말고 부자의 근성을 가진 사람들과 어울리며, 가난의 생활 방식과 습관을 따르지 말고 부자의 생활 방식과 습관을 따르라는 것입니다.

케냐의 수도 나이로비의 빈민촌은 가난과 마약, 범죄의 소굴입니다. 그곳에 사는 대부분의 사람들은 가난과 범죄에서 벗어나 정상적인 삶을 사는 것은 꿈도 꾸지 못합니다. 그러나 그 가난의 소굴에서 떠나는 데 성공한 사람이 있습니다. 빈민 구제 운동가 '사미 기타우' 입니다.

그는 13세 때 아버지가 폭력배에게 살해 당하여 먹고 살 길이 없어지자, 제 발로 폭력 조직에 들어가 도둑질을 배우고 마약을 팔았습니다. 망가질 대로 망가진 그는 코카인 과다 복용으로 죽음 직전까지 가게 되었습니다. 그때 그는 마지막 한 마디의 기도를 드렸습니다. "하나님! 여기서 저를 구해만 주신다면 무슨 일이든지 다 하겠습니다." 가난의 소굴에서 벗어나고 싶은 그의 처절한 몸부림이었습니다. 하나님은 그의 결심에 힘을 실어 주셨습니다. 그는 기적처럼 살아났고, 옛 모습을 버리고 새사람이 되었습니다.

새로운 삶을 살기로 결심한 그는 우연히 쓰레기 더미 속에서 영국 맨체스터 대학의 안내 책자를 발견하게 됩니다. 그것을 보고 난 후 그는 유학을 꿈꾸기 시작했습니다. 유학만이 가난의 소굴에서 벗어날 수 있는 유일한 길처럼 여겨졌기 때문입니다. 그는 자신과 처지가 비슷한 가난한 아이들을 도우며 독한 마음으로 공부를 시작했습니다. 이를 보고 감동한 유럽연합 파견 직원들이 그의 영국행을 도왔습니다. 그러나 영국 이민국은 그가 정규교육을 2년밖에 받지 못했다는 이유로 비자를 발급해 주지 않았습니다. 그는 6개월간의 법정 투쟁 끝에 겨우 영국으로 갈 수 있었습니다. 영국으로 건너간 그는 기부금과 대학 장학금을 받아 공부를 했고, 맨체스터 대학에서 국제개발학 석사 학위까지 받게 되었습니다.

이제 그는 빈민촌으로 돌아가 자신과 비슷한 처지에 놓인 빈민촌 아이들이 가난에서 벗어날 수 있도록 돕는 일을 할 것이라고 말합니다. 범죄와 마약에 젖었던 소년이 그곳을 벗어나 새 인생을 살게 된 것은 범죄의 소굴, 가난의 굴레에서 벗어나려는 강한 의지가 가져온 기적이었습니다.

'나는 가난의 대물림에서 벗어날 수 없다' 라고 생각하고 있다면 지금 생각을 바꾸십시오. '가난의 소굴에서 떠나겠다' 라고 결심해야 합니다. 사람은 마음으로 간절히 원하고 그것을 이루겠다고 결심하면 무엇이든지 그 결심대로 할 수 있습니다. 그 가능성의 한계는 자기 스스로가 정할 뿐입니다. 물론 사미 기타우가 가난의 소굴을 벗어날 수 있었던 것은 유럽연합 파견 직원들의 도움 덕분이었습니다. 그러나 자신의 의지가 먼저 선행되지 않았다면 도움의 기회도 없었을 것입니다. 도움의 손길이 먼저냐 개인의 의지가 먼저냐고 묻는다면 당연히 개인의 의지라고 말하겠습니다. 실제로 아무리 가난에서 벗어나도록 돕는 사회 복지 기관들의 도움이 있어도 자신의 의지가 없는 사람은 다시 제자리로 돌아가 버리고 맙니다.

독일의 문학가 괴테는 말합니다. "우리가 진정으로 하겠다는 결단을 내리는 순간부터 하늘도 움직이기 시작한다." 가난의 소굴에서 떠나겠다고 결심하는 순간 하늘의 도움도 시작되는 법입니다.

이명박 대통령도 자신의 삶을 회고하면서 비슷한 이야기를 하고 있습니다. 어린 시절 그의 집안은 먹을 것이 없을 정도로 무척 가난했습니다. 하지만 그의 어머니는 자식들에게 부잣집에 가서 일을 도와주라고 시키면서 늘 "가서 물 한 모금이라도 얻어먹지 마라. 음식 준다고 받아 오지 마라"라고 다짐을 받았습니다. 거지 근성으로 비굴하게 굴지 말고 당당하게 살라는 어머니의 가르침이었습니다. 덕분에 그는 가난했지만 부자를 도울 수 있었고, 가난 속에서도 늘 당당할 수 있었습니다. 그가 가난 근성에 빠지지 않고, 가난의 굴레에서 벗어날 수 있다고 생각한 것도 이 때문이었습니다. 그는 서울로 올라와 일당 노동자 생활을 하면서도 밤마다 공부에 매달려 고려대학교에 입학했고, 말단 경리 사원으로 입사한 현대 건설에서 결국 최고 경영자의 자리까지 오르게 되었습니다. 그리고 이제는 대통령이라는 막중한 직무까지 맡고 있습니다.

개인뿐 아니라 국가도 마찬가지입니다. 노벨 경제학상을 수상한 스웨덴의 경제학자 군나르 뮈르달 박사는 '동남아시아 국민의 빈곤에 대한 연구'라는 논문에서 "아시아의 빈곤은 자원이나 자본 부족에 기인하는 것이 아니고 잘못된 옛 전통을 버리지 못하는 데 있다"라고 주장했습니다. 자원과 자본이 부족해서가 아니라 잘못된 옛 전통과 가치관을 버리지 못하기 때문에 가난하다는 것입니다. 바꿔 말하면, 가난 근성에 사로잡힌 사고방식과 가치관을 버린다면 얼마든지 가난에서 벗어날 수 있다는 말이기도 합니다.

1978년, 공산 치하의 중국 안후이(安徽) 성 샤오강(小崗) 촌에서는 가난의 소굴에서 탈출하겠다는 조용한 혁명이 진행되었습니다. 먹고 입을 게 부족할 정도로 가난한 이 마을 주민들은 외지로 나가 구걸을 하곤 했었습니다. 마을에 남은 18가구는 더 이상 이렇게 가난하게 살 수 없다는 생각에 대책을 강구했습니다. 궁리 끝에 그들은 가난의 원인이 공동 생산, 공동 분배의 사회주의 사상 때문이라는 것을 깨닫게 되었습니다. 그리고 가난 근성에 빠지게 하는 이 사회주의를 모반할 계획을 세웠습니다. 비밀리에 농가별로 토지를 나누어서 각자 책임을 지고 농사를 지은 후 국가 납부량만 내고 나머지 잉여분은 각자가 소유하기로 결의한 것입니다. 만약에 이런 사실이 공산당에 알려지면 반동으로 몰릴지도 모르는 위험스러운 일이었습니다. 그러나 가난에서 벗어나는 것이 절실했던 마을 주민들은 자본주의 제도를 도입하는 목숨을 건 모험을 감행했습니다. 그 결과는 놀라웠습니다. 의욕이 생긴 농민들은 적극적으로 농사를 지었고, 1년 후 대풍작을 거두었습니다.

중국에 개혁의 문을 연 지도자 덩샤오핑은 뒤늦게 이 사실을 알고, 샤오강 촌의 혁명을 긍정적으로 평가해서, 오히려 중국의 모든 농촌에서 이를 실시하도록 했습니다. 현재 샤오강 촌은 포도 농장, 버섯 재배 등으로 고수익을 올려, 집집마다 냉장고, 세탁기, TV, 컴퓨터를 가지고 있고, 일부는 자동차도 소유한 부유한 농촌 마을이 되었습니다. 가난의 소굴에서 탈출하려는 샤오강 촌 사람들의 모험이 성공한 것입니다.

인생은 바꿀 수 있고, 가난의 대물림은 끊을 수 있습니다. 가난의 소굴에서 떠나기만 하면 됩니다. 가난의 소굴에 머무른 채로, 가난 근성에 빠져서 자신의 처지를 탄식하며 인생을 포기하지 마십시오. 가난 근성을 버리고, 자신의 마음과 생각을 바로 잡으십시오. '나는 부자가 된다'는 부자 근성을 가지십시오. 매사에 남보다 더 열심을 내고, 남보다 더 당당하고, 자신감 있게 나아가십시오. 누구든지 미래를 꿈꾸며 배움을 포기하지 않는다면 가난에서 충분히 벗어날 수 있습니다. 가난에서 탈출하겠다고 결심하고 실천의 첫발을 내딛는 순간 당신은 부자의 길로 접어들게 됩니다.

한계 속에 머무르려는 태도를 극복하라. 자기 머리에서 한계를 지워 버려라.
– 미국 방송인, 오프라 윈프리의 성공 비결

작은 부자 이야기 3

'나의 아버지도 가난했고 나도 가난하다. 분명히 나의 아이들도 가난할 텐데, 내 대에서 가난을 끊어야지. 열심히 일하는 아빠의 모습을 보여 주고 싶다.'

새벽 일찍 일을 나가던 한 가장이 곤히 잠든 아이들과 아내를 바라보며 이런 생각을 했습니다. 노점상을 하는 자신을 누가 알아볼까 쭈뼛거리고, 단속반에게 쫓겨 멱살을 잡힐 때는 서러움에 눈물을 흘리며 신세를 한탄하던 그였습니다. 그러나 이제 그는 달라지기로 결심했습니다. 어떻게 해서든지 자식들에게 가난을 물려줄 수는 없었습니다. 그는 이를 악물었습니다.

비록 남들이 우습게 생각하는 토스트 노점상이지만 그는 이곳에서 희망을 굽기 시작했습니다. 그는 작은 트럭에 '석봉 토스트'라는 간판을 달고, 흰 유니폼에 조리사 모자까지 썼습니다. 최고의 맛있는 토스트와 최상의 서비스를 제공하겠다는 다짐이었습니다.

그는 최고의 토스트를 만들기 위해서 새로운 소스 개발에 도전했고, 실패와 실패를 거듭한 끝에 야채로 맛을 낸 독특한 소스 개발에 성공했습니다. 그리고 손님을 향한 반가움의 표정, 상냥한 미소가 자연스럽게 배어나도록 하기 위해서 그는 매일 아침마다 거울을 보며 미소 짓는 연습을 했습니다. 마지막으로 이름도 알지 못하는 손님들을 위한 축복의 기도로 하루를 시작했습니다.

"하나님, 제 손에 솜씨를 주십시오. 손님들이 이 토스트를 맛있게 먹고 건강하게 해 주십시오. 그리고 제 토스트를 드신 손님들이라면 하는 일이 모두 다 잘되게 해 주십시오."

그가 변하자 손님들도 덩달아 변하기 시작했습니다. 썰렁하며 암울하던 토스트 노점에 손님들이 몰려들기 시작한 것입니다. 어느새 그의 '석봉 토스트'는 무교동의 5대 명물로 자리를 잡아 관광 가이드북에까지 소개되었습니다. 엉겁결에 그는 영어, 중국어, 일본어로 토스트를 판매해야 했습니다. 결국 가난을 이겨 내겠다는 그의 다짐은 연봉 1억 노점상의 성공 신화를 만들어냈습니다. ㈜석봉 토스트의 김석봉 대표이사가 한 일간지와 가진 인터뷰 기사였습니다.

그는 이제 전국에 300개 이상의 가맹점을 가진 어엿한 프랜차이즈 업체의 대표이사가 되었고, 2010년까지 석봉 토스트를 '국민 브랜드' 로 만들어, 일본과 중국을 비롯한 세계시장에 진출하겠다는 야심찬 계획까지 세워 놓았습니다.

당신의 마음과 생각을 사로잡고 있는 가난의 굴레를 벗어 버리십시오. 당신이 가난에서 탈출하겠다고 다짐하는 순간 당신 안에 숨겨진 부자의 근성이 살아납니다.

작은 부자의 첫 단계 … 가난에서의 탈출 4

일에는 귀천이 없다

"하루 17시간 이상 일하지 않으면서 부자가 되려고 생각했다면 그건 사기입니다."

서울여대 경영학과 한동철 교수의 『부자로 가는 스쿨버스』에서 어느 100억대 부자가 전해 주는 부자 되는 비결입니다. 부자가 된 사람들의 가장 큰 공통점은 바로 '다른 사람보다 더 열심히 일한다'는 것입니다.

세계 최고의 부자들은 예외 없이 모두 일벌레들이었습니다. 미국 최초로 억만장자가 된 폴 게티도 "돈은 스스로 일해서 버는 것이다. 부자가 되려면 매일 아침에 일찍 일어나서, 하루 종일 열심히 일하라"라고 말했습니다. 그는 석유 사업가인 부자 아버지를 두었지만, 그의 아버지는 아들에게 노동 윤리를 가르쳐 주기 위해 유정 현장에서 노동자들과 함께 손바닥에 물집이 잡히도록 일하게 만들었습니다. 이 가르침은 그에게 일생의 교훈이 되어서, 그는 평생 일을 손에서 놓지 않았습니다. 현재 세계 최고의 부자인 마이크로소프트(MS) 창립자 빌 게이츠도 창업 초기에 피자와 콜라로 끼니를 때우면서, 새벽 6시부터 밤 10시까지 하루 16시간씩 일했다고 합니다. 그는 잠자는 시간 외에 온통 일하는 데 시간을 썼기 때문에 회사 책상에서 잠들기 일쑤였습니다.

인도의 민족 지도자 간디는 말했습니다. "세상에 존재하는 진정한 악마들 중의 하나가 노력해서 벌지 않은 돈이다." 일하지 않고 번 돈은 사람을 타락시키는 법입니다. 땀 흘려 일해서 번 돈이야 말로 진정으로 가치 있는 돈이며, 부자가 되게 만드는 돈입니다. 성경은 이렇게 경고하고 있습니다. "누구든지 일하기 싫어하거든 먹지도 말게 하라"데살로니가후서3:10. 열심히 땀 흘려 일해야 가치 있는 인생을 살게 됩니다.

일에는 귀천이 없습니다. 지금 당신이 하고 있는 일이 스포트라이트를 받는 화려한 일이든지, 아무도 알아주지 않는 초라한 일이든지, 심지어 다른 사람에게 무시당하는 일이든지 정직하게 땀 흘리고 있다면 그것은 숭고한 일이고, 존경받을 만한 것입니다. 미국의 인권 운동가 마틴 루터 킹 목사는 말했습니다. "거리의 청소부로 돈을 버는 사람은 미켈란젤로가 그림을 그리고, 베토벤이 작곡을 하고, 셰익스피어가 희곡을 썼던 것과 같은 마음가짐으로 거리를 청소해야만 한다." 거리의 청소부조차도 예술가와 똑같은 귀한 일이기에, 예술가와 똑같은 마음가짐을 가지고 사명감으로 일해야 한다는 말입니다. 성공은 먼 곳에 있지 않습니다. 이렇게 하찮아 보이는 일에 최선을 다하며 한 단계 한 단계 앞으로 전진하는 것입니다. 그러다 보면 성공도 부요도 자기 것으로 만들 수 있습니다.

가장 비천하게 여겼던 일을 가장 품위 있게 해내고, 세계적인 재벌이 된 사람이 있습니다. 세계 최고급 명품 구두 페라가모를 창립한 이탈리아의 살바토레 페라가모입니다. 나폴리 근교 가난한 농촌에서 14남매 중 11번째로 태어난 그는 어린 나이에 구두점 견습공으로 일을 시작했습니다. 비록 남들은 신발 만드는 일을 천하게 생각했지만, 그는 생각이 달랐습니다. '신발은 곧 발이다' 라는 신념으로, 신발을 만드는 것은 어느 일보다 귀중한 일이라고 생각했습니다. 세상에서 가장 편하고 아름다운 신발을 만들겠다는 꿈을 갖고 평생 1만여 종이 넘는 신발을 만든 살바토레 페라가모. 그는 최고의 구두 장인이 되기 위해 UCLA 대학에서 해부학까지 공부하며 착용감이 편안한 구두를 고안해 냈습니다. 그의 아름답고 편안한 구두는 소피아 로렌, 그레타 가르보, 오드리 헵번 등의 스타를 단골로 만들었고, 곧 세계 최고의 명품 구두로 명성을 얻게 되었습니다.

유대인의 오랜 지혜서 탈무드는 이렇게 가르치고 있습니다. "자식에게 벌어먹고 살 수 있는 기술이나 재주를 가르치지 않는 자는 도둑질을 가르치는 것과 같다." 그래서 유대인들은 직업을 소중히 여겼고, 존경받는 랍비들조차 보석 세공이나 목수나 대장장이 같은 기술을 배웠습니다. 어려서부터 일에 대한 소중함을 가르쳐 준 것입니다. 이처럼 철저한 직업교육은 유대인을 세계의 부자 민족으로 만들어 주었습니다. 유대인은 미국 전체 인구의 2.1%에 불과하지만, 미국 고위 공직자의 15%를 차지하고 있습니다. 미국 50대 기업 중 17개 기업이, 뉴욕과 워싱턴의 유명 로펌 변호사의 40%가 유대계입니다. 또한 미국 명문대 그룹인 아이비리그 대학 교수의 30~40%도, 주요 언론인 중 25%도 유대인입니다. 특히 유대인들은 뉴욕의 금융가를 좌우하고 있습니다. 뉴욕 금융가의 최강자 JP 모건은 유대계 로스차일드가 설립하였고, 세계적 투자 증권회사 골드만 삭스, 모건 스탠리, 메릴 린치 등의 대주주도 유대인입니다.

더 나아가 미국의 17세기 청교도들은 일하는 것을 단지 생존을 위한 수단일 뿐 아니라, 하나님을 향한 신앙의 표현이자, 하나님의 명예를 높여 드리는 수단으로 생각해서, 자신의 직업을 하나님이 주신 신성한 소명으로 받아들였습니다. 직업에는 귀천이 없고, 모두 하나님이 주신 신성한 직분일 뿐이라고 생각했던 것입니다. 이런 마음가짐은 미국을 세계 최고의 부자 국가로 우뚝 설 수 있게 만들었습니다.

우리 주변에도 사명감으로 일해 성공을 일궈 낸 사람들이 많이 있습니다. '대한민국 주부를 대표해서 과일 맛을 본다' 는 신념으로, 매일 새벽 가락동 농수산물 도매시장을 헤집고 다니며 과일을 일일이 잘라 먹어 보는 일명 '가락 시장 칼잡이' 이영석 씨. 모든 주부들을 대표해서 신선하고 맛있는 과일을 사러 왔다고 말하는 그를 시장 상인들은 미워할 수 없습니다. 좋은 과일을 찾기 위해 술과 담배, 커피마저 입에 대지 않으니 과연 그는 사명감을 가진 사람이라 할 수 있습니다. 이렇게 귀하게 선별한 과일을 구입해서 가져가는 곳은 강남 아파트 단지 내 18평짜리 조그만 과일 가게입니다. 남들이 보기에는 별것 아니게 보이는 이 조그만 점포가 바로 대한민국에서 평당 최고의 매출액을 올리는 '총각네 야채가게' 입니다. 잘생긴 총각 점원들이 무대 위의 코미디 배우처럼 손님들을 웃기며 신명 나게 과일을 팔면서 유명해진 이곳은 입소문이 퍼져 새벽부터 주부들의 발길이 이어집니다. 이제 '총각네 야채가게' 는 서울의 8개 지점에서 80여 명의 총각들이 일하는 곳으로, 2007년 각 가맹점 평균 매출이 8억 원에 달하는 성공한 기업이 되었습니다.

아파트 단지 내 조그만 과일 가게로 이런 큰 성공을 거둘 줄 누가 짐작했겠습니까? 그러나 젊은이의 정직한 땀과 열정은 불가능을 가능케 하는 힘이 있었습니다.

지금 어떤 일을 하고 계십니까? 바로 그곳에서 최선을 다하십시오. 비록 남들이 하찮게 보는 일이라도 자신의 기량을 200% 발휘해 보십시오. 그 속에서 부자의 새싹이 자라나게 됩니다.

항상 일하는 마음은 항상 행복하다.
나는 절대적으로 행운을 믿지만,
내가 더 열심히 일할수록 행운을 더 많이 얻게 된다.
– 미국의 제3대 대통령, 토마스 제퍼슨

"이 손이 이렇게 못생겼지만, 어려운 이웃을 돕고 많은 생명을 먹여 살린 손입니다."

기독교 신문《크리스천투데이》에 실린 '후랜드 김밥' 유영숙 대표의 말입니다. 고운 얼굴과 달리 유난히 거친 그녀의 손은 억척스럽게 살아온 땀의 세월을 보여 주는 증거입니다.

그녀는 입맛 까다롭기로 소문난 동네, 강남 압구정동에서 20년간 김밥 장사를 했습니다. 그녀의 김밥, 후랜드 김밥은 최고급의 재료를 사용하는 웰빙 김밥, 명품 김밥으로 소문이 자자합니다. 인기 연예인, 스포츠 선수, 유명 인사들이 단골임은 물론, 고 정주영 회장도 생전에 사장단과 함께 서산 농장에 갈 때마다 꼭 이 집에서 김밥을 사갔을 정도입니다.

처음 그녀가 김밥 장사를 시작한 것은 당장 돈을 벌지 않으면 안 되는 가난한 형편 때문이었습니다. 공무원이었던 그녀의 남편이 부하 직원의 잘못으로 직위가 해제되면서, 먹고 살길이 막막해진 것입니다. 형편이 어려워지자 부부 싸움도 늘어났고 마음은 상처투성이가 되었습니다. 그녀는 어디론가 도망치고 싶은 마음에 기도원으로 향했습니다. 그녀는 그곳에서 예수님을 만났고, 다시 시작할 수 있다는 희망을 얻었습니다. 그리고 '장사를 시작해 보라'는 응답을 받았습니다.

그녀가 선택한 업종은 김밥이었습니다. 너무 흔한 음식이지만 남들과 달리 고급 김밥을 만들겠다는 생각을 했습니다. 최고급 국산 쌀로 밥을 짓고, 건강에 좋지 않은 조미료는 일절 사용하지 않았습니다. 김밥 속의 야채들은 일일이 발품을 팔아 구입했고 10평 남짓한 가게의 절반을 냉장고로 채워 재료의 신선함을 유지하려고 노력했습니다. 그리고 김밥을 만들 때마다 손님들의 건강과 행복을 위해 기도하며 만들었습니다.

새벽 6시부터 오후 10시까지 하루 종일 일해야 하는 고된 직업이었지만, 하나님께서 맡기신 일이라고 생각한 그녀는 최선을 다했습니다. 귀한 땀의 결과는 놀라웠습니다. 손님들이 줄을 지어 찾아오다 보니 하루에 1,300줄까지 팔게 되었다는 이 가게의 수익은 웬만한 중소기업 못지않습니다.

김밥 장사를 시작한 첫날부터 매일 정성껏 하나님께 드릴 헌금과 가난한 이웃을 위한 구제금을 따로 떼어 놓는다는 그녀는 자신의 거친 손을 자랑스럽게 여기며 오늘도 최선을 다하고 있습니다.

자신의 일에 최선을 다하십시오. 땀 흘려 번 돈은 아름답습니다.

작은 부자의 첫 단계 … 가난에서의 탈출 5

개미의 지혜를 배워라

자장면 회장님. 연 매출 4,000억 원의 한 중견 그룹 회장이 즐겨 먹는 점심 메뉴는 자장면입니다. 그는 '구두쇠', '짠돌이'란 별명은 기본이고, "독하다"는 소리도 많이 들었습니다. 회사에서도 경비를 최대한 아껴 쓰도록 시시콜콜한 것까지 챙겼습니다. 직원들에게 이면지를 사용하라고 채근할 정도였습니다. 그러나 자장면 회장님의 짠돌이 경영 덕분에 회사는 IMF 위기를 은행 빚 한 푼 없이 이겨낼 수 있었습니다.

이 자장면 회장님이 바로 삼영화학 그룹 이종환 회장입니다. 처음 플라스틱 사업을 시작할 때부터 그는 공장에서 살다시피 하며 열심히 일해 회사를 일궜습니다. 노력이 빛을 발해서 회사는 뛰어난 기술력을 인정받아 각종 포장 랩 분야에서 세계 3대 메이커로 꼽히는 기업이 되었습니다. 비록 대재벌은 아니지만 은행 부채 하나 없는 건실한 중견 기업이 된 것입니다.

2008년 그는 자장면을 먹으며 평생 피땀 흘려 번 전 재산을 한국의 미래를 책임질 젊은이들의 교육을 위해서 내놓았습니다. 자그마치 6,000억 원이었습니다. 그는 돈의 진정한 가치가 무엇인가를 유감없이 보여 주고 있습니다.

동서양을 불문하고 가난에서 탈출해서 부자가 되는 최고의 비결은 '근면'과 '절약'입니다. 성경의 지혜서 잠언은 이렇게 말하고 있습니다. "게으른 자여 개미에게로 가서 그 하는 것을 보고 지혜를 얻으라. 개미는 두령도 없고 간역자도 없고 주권자도 없으되 먹을 것을 여름 동안에 예비하며 추수 때에 양식을 모으느니라"잠언6:6-8. 개미의 지혜는 부지런함 그리고 절약과 저축입니다. 개미는 여름 내내 쉬지 않고 부지런히 일하고, 그 양식을 절약하고 저축해서 추운 겨울을 대비합니다.

사람도 마찬가지입니다. 개미처럼 부지런히 일하고, 절약과 저축의 습관을 가진 지혜로운 사람이 부자가 됩니다. 세계 최대의 증권회사 메릴 린치의 보고서에 따르면, 금융자산 100만 달러(약 11억) 이상인 백만장자들은 몇 가지 공통점을 가지고 있다고 합니다. 그중 하나가 '짠돌이 생활 습관'이고, 또 하나는 '일찍 자고 일찍 일어나는 아침형 인간'이라는 것입니다. 부자들은 쓸데없는 지출을 삼가고, 투자와 낭비를 철저히 구분합니다. 또 대부분 부자들은 아침에 일찍 일어나서 시간을 금같이 사용하며, 자신의 일에 최선을 다합니다.

가난에서 탈출하는 공식은 아주 간단합니다. 수입-지출=재산. 수입에서 지출을 뺀 것이 재산입니다. 따라서 부자가 되려면 수입을 늘리고, 지출을 줄이면 그만입니다. 수입을 늘리려면 부지런히 일해야 하고, 지출을 줄이려면 절약하고 저축하면 됩니다. 우리는 개미에게서 바로 이 두 가지 '부지런함'과 '절약, 저축'의 지혜를 배워야 합니다.

가난에서 탈출해서 부자가 되려면 먼저 부지런하십시오.

프랑스 작가 빅토르 위고는 "태만에게는 도적이라는 아들과 기아라는 딸이 있다"라고 말합니다. 게으르면 가난할 수밖에 없고, 가난하다 보면 도적질도 하게 되는 법입니다. 부지런해야 가난에서 벗어날 수 있습니다. 그리고 부지런해지는 가장 좋은 방법은 아침 일찍 일어나는 아침형 인간이 되는 것입니다. 아침 시간은 집중력이 높아서 새로운 계획을 구상하기에 좋은 시간이므로, 아침 시간을 이용하는 부지런한 사람들은 자기 직업이나 사업에 성공하여 부자가 될 확률이 높습니다.

미국의 워너메이커 백화점의 설립자, 존 워너메이커도 부지런한 아침형 습관 때문에 부자가 되었습니다. 그는 매일 아침 일찍 일어나 기도로 하루를 시작했고, 항상 남들보다 먼저 출근하여 하루를 계획하며 일을 시작했다고 합니다. 스타벅스의 최고 경영자 하워드 슐츠도 가난한 살림을 도우려고 12세 때 시작한 신문 배달 덕분에 아침 일찍 일어나는 부지런한 습관을 가지게 되었다고 합니다. 세계 최고의 부자 빌 게이츠도 새벽 3시에 일어나는 것으로 유명합니다.

월간지 《포브스 코리아》가 한국의 대표적 CEO들의 라이프 스타일을 조사한 결과도 똑같았습니다. 한국 CEO의 80%가

새벽 6시 이전에 일어나는 것으로 밝혀졌습니다. KT 남중수 사장은 새벽 5시에 출근해서 혼자 조용히 경영전략을 짠다고 합니다. 신원 그룹 박성철 회장도 새벽 4시에 일어나 새벽 기도와 성경 읽기로 하루를 시작한다고 합니다.

사람의 인생은 시간으로 구성되어 있습니다. 그래서 시간을 잘 사용하는 부지런한 사람이 부와 성공을 얻게 됩니다. 부자가 되는 데에는 돈을 잘 관리하는 재테크 기술만 중요한 것이 아니라, 시간을 잘 관리하는 시테크 기술도 중요합니다. 얼마나 시테크를 잘하느냐가 부자를 결정하는 것입니다.

다음으로, 절약하고 저축하십시오.

미국 부자 연구가 토머스 J. 스탠리는 『이웃집 백만장자』에서 부자의 특징을 세 단어로 요약했는데, 그것은 '절약, 절약 또 절약' 이었습니다. 일본의 부자 연구가 혼다 켄도 『부자가 되려면 부자에게 점심을 사라』에서 '백만장자는 절약가' 라고 말하며, 『한국의 부자들』이란 책에서도 "부자는 자녀에게 왕소금이라는 투정을 들을 정도로 지출을 엄격하게 통제한다"

라고 말하고 있습니다.

바닥에 구멍이 난 항아리에는 아무리 물을 부어도 차지 않습니다. 바닥의 구멍을 막아야 물이 차오르는 법입니다. 마찬가지로 아무리 버는 돈이 많아도 버는 족족 써버린다면 돈은 모이지 않고 절대로 부자가 될 수 없습니다. 이 보다는 차라리 버는 돈이 적어도 아끼고 절약하는 짠돌이가 더 부자 될 확률이 높습니다.

세계 최대의 유통 기업 월마트의 창립자 샘 월턴은 자신의 성공 비결은 '절약 정신'과 '노동 윤리'라고 말합니다. 그는 가난한 집안 형편 때문에 어려서부터 우유 배달과 신문 배달을 하며 생활비와 학비를 대야 했습니다. 그러다 보니 자연스럽게 아끼고 절약하는 습관을 가지게 되었습니다. 그가 서민을 위한 대형 할인점이라는 개념의 월마트를 처음 고안해 낸 것도 이런 절약의 습관 덕분이었습니다. 그는 경쟁점보다 낮은 가격을 유지하기 위해서 마른 수건을 쥐어짜듯이 비용을 절감하기 위해 노력했습니다. 그 자신도 대기업의 총수이지만 1톤 픽업트럭을 손수 운전하며 미국 전역의 월마트 매장을 점검했고, 출장을 갈 때도 비행기는 값싼 이코노미 좌석을, 숙소도 저렴한 여관급을 이용했습니다.

한국의 갑부, 현대 그룹 창립자 고 정주영 회장의 절약 정신도 유명합니다. 그는 전차 삯 5전을 아끼기 위해서 새벽에 일어나 걸어서 출근을 하고, 신발이 닳는 것을 늦추려고 징을 박아서 신었으며, 양복은 춘추복 한 벌을 맞춰 겨울에는 내복을 입어서 추위를 견뎠다고 합니다. 월급의 절반은 반드시 저축했고, 나중에 돈이 꽤 모인 후에도 아침 밥상의 반찬은 김치 한 가지에 국 한 그릇이었습니다. 평생을 이런 절약의 습관으로 살았던 그는 대기업을 이룬 후에도 새벽 다섯 시면 청운동 자택에 자식들을 모아 함께 아침을 먹으면서 절약 정신을 이어갈 것을 당부했다고 합니다.

부자들이 돈을 절약하는 이유는 돈에 대해 잘 알기 때문입니다. 돈이란 쓸데없는 데 사용하기 시작하면 깨진 독에 물 붓듯이 다 사라져 버리고 말지만, 제대로 사용하면 눈덩이처럼 불어서 엄청난 일을 해낼 수 있습니다. 부자들은 돈 관리의 프로들입니다.

가난에서 탈출해서 부자가 되고 싶다면 개미의 지혜를 배우십시오. 부지런함과 절약의 습관이 몸에 배게 만드십시오. 폼나게 몰고 다니는 자동차의 할부 대금, 대책 없이 써버린 카드 비용, 생각 없이 마시는 비싼 커피 전문점의 커피 한 잔이 부자로 가는 길을 막는 장애물입니다. 하루 커피 값 3,000원을 절약하면 매월 9만 원을 저축할 수 있고, 연 복리 5%의 이자를 받는다면 10년 후 1,400만 원의 목돈을 만들 수 있습니다.

미국 건국의 아버지 벤저민 프랭클린은 말합니다. "작은 지출을 삼가라. 작은 구멍이 거대한 배를 침몰시킨다." 전 세계를 뒤흔든 금융 위기도 개인들의 과도한 소비와 욕심에서 시작되었음을 기억해야 합니다.

희망이 없으면 절약도 없다.
우리가 절약하고 아끼는 이유는 미래를 위해서이다.
– 전 영국 수상, 처칠

작은 부자 이야기 5

카드 빚 4,500만 원의 신용불량자에서 작은 부자로 거듭난 인생 역전 스토리가 인터넷 다음 카페(Daum cafe) '짠돌이'에 소개되었습니다.

대구 토박이로 자라온 '복이 아빠'의 20대는 잘나가는 청춘이었습니다. 1996년 영업직으로 사회생활을 시작한 그는 영업 수완이 좋아서 하루에 10~15만 원씩의 수당을 받는 고소득자가 되었습니다. 그러나 젊은 나이에 너무 쉽게 돈을 벌게 되자 돈이 우스워 보였고, 직장 동료들과 처음 가 본 유흥업소는 그의 발목을 잡았습니다. 혈기왕성한 시절, 영업으로 쌓인 스트레스를 유흥업소에서 풀기 시작하면서 술과 여자에 빠져들었습니다. 그러다 우연찮게 신용카드를 발급받게 되었습니다. 신용카드 한 장이면 현찰 없이도 어디서든지 VIP 대접을 해 주니 마법의 카드 같았습니다. 모아둔 돈은 한 푼도 없으면서 남자답게 폼 잡고 싶고, 친구들에게 잘나가는 것처럼 보이고 싶고, 기죽기 싫어서 거침없이 카드를 긁어 대며 돈을 썼습니다. 1주일에 유흥비로만 400만 원을 쓸 정도였습니다. 결국 카드 빚 1,500만 원은 이자에 이자가 붙으면서 3,000만 원까지 불어났습니다. 카드 빚이 늘고 카드 회사의 독촉까지 이어져 막다른 골목에 다다르자 차라리 죽어 버리는 게 낫겠다 싶은 생각까지 들었습니다. 그는 염치없지만 부모님 앞에 무릎을 꿇고 빌었습니다. 결국 겨울에 난방비까지 아끼며 절약해서 모은 부모님의 돈으로 간신히 빚을 해결할 수 있었습니다. 그는 새 삶을 다짐하며 2교대 공장에 취직해서 돈을 모아, 작은 핸드폰 매장을 오픈했습니다. 하지만 옛 습관을 버리기 쉽지 않았습니다. 결국 다시 카드를 사용했고, 1,500만 원의 빚이 생겼습니다.

그가 무분별한 카드 습관에서 벗어난 것은 아내를 만난 후였습니다. 그는 하루라도 빨리 빚을 갚고 아내와 결혼하기 위해서 하루 12시간씩 악착같이 일을 해 돈을 모았습니다. 평생 그렇게 열심히 일해 본 적이 없을 정도였습니다. 그리고 결혼에 골인하게 되었습니다.

결혼 후에도 그는 열심히 일해서 하루 600~700만 원의 수익을 올렸고, 수입을 무조건 통장에 입금했습니다. 하루 2,000원 담뱃값 외에는 절대로 돈을 쓰지 않았습니다. 밥값이 아까워 어묵 4개로 점심을 해결하기도 했습니다.

안 쓰고 안 먹는 짠돌이 정신으로 그의 통장은 마이너스에 플러스로 변하게 되었습니다. 그리고 결혼 1년 7개월 만에 내 집 마련의 꿈도 이루었습니다. 30평대의 빌라이긴 하지만, 60평대 아파트도 부럽지 않았습니다. 긴 가난의 터널을 벗어나 경제적 자유를 얻은 그의 이야기는 TV 방송, 신문, 잡지, 책에 실렸고, 졸지에 그는 유명인사가 되었습니다.

부자가 되는 왕도는 없습니다. 부지런히 일하고, 알뜰하게 절약해서 저축하는 길밖에….

작은 부자의 첫 단계 … 가난에서의 탈출 6

아는 게 돈이다 "부자책 100권을 읽어라!"

"세상은 아는 만큼 보인다"라고 말합니다. 돈도 아는 만큼 벌 수 있습니다. 돈을 벌 수 있는 기회가 주어져도 아는 사람의 눈에만 기회로 보이는 법입니다. 세계적인 석학 앨빈 토플러는 오늘날 부를 만들어 내는 것은 바로 '지식'이라고 말하고 있습니다. 얼마만큼 아는가, 얼마만큼 생각하는가에 따라 부가 만들어진다는 것입니다. 지식이 부와 돈을 만든다는 것은 단지 신기술 개발에 박차를 가하는 세계적인 기업만의 이야기가 아닙니다. 개인에게도 부나 돈은 역시 지식에 따라 좌우됩니다.

쉬운 예로 두 명의 페인트 공이 있다고 합시다. 두 명 모두 가정집을 방문해서 페인트칠을 해 주고 돈을 받습니다. 그런데 한 명은 일당 10만 원을 받고, 한 명은 일당 30만 원을 받는다면 그 차이는 무엇이겠습니까? 바로 지식과 기술 숙련도의 차이입니다. 일당 10만 원을 받는 사람은 그저 집주인이 원하는 색깔대로 붓과 롤러를 이용해서 페인트를 칠해 주는 사람입니다. 그러나 30만 원을 받는 사람은 스프레이건 등을 이용해서 페인트로 벽을 매끄럽게 처리한다든가, 대리석처럼 보이게 하는 특별한 페인팅 기술이 있는 사람입니다. 결국 지식만큼 돈을 버는 것입니다.

재테크나 금융도 마찬가지입니다. 저축으로 돈을 모으려고 해도 각 저축 상품의 이자율과 세금에 대해서 잘 알아야 더 많은 수익을 만들 수 있습니다. 주식에 투자를 하려고 해도 그 회사의 재무제표 정도는 거뜬히 읽을 수 있어야 현명한 투자를 할 수 있고, 부동산에 투자를 하려고 해도 각종 세금과 부동산 관련 법규를 알아야 합니다.

신림동의 조그만 5평짜리 가게에서 보쌈 연구에 인생을 건한 여인이 있었습니다. 그녀는 가난한 집안 형편 때문에 초등학교를 졸업한 직후부터 장사를 시작했습니다. 하지만 막상 그녀가 번듯한 자신의 가게를 운영하면서부터는 실패의 연속이었습니다. 백반집, 돼지갈빗집, 곰장어집 등 하는 장사마다 족족 망했습니다. 마지막으로 신림동에 '골목집' 이라는 조그마한 보쌈 식당을 열었을 때는 더 이상 망할 수 없다는 절박한 심정이었습니다. 그녀는 어떻게 해야 맛있는 보쌈을 만들 수 있을지 연구에 연구를 거듭했습니다. 그녀는 바가지를 쭉 늘어놓고, 보쌈김치의 속 재료로 들어가는 배, 마늘, 참기름 등을 각각 다르게 넣고 버무려서 맛보기를 끊임없이 되풀이했습니다. 그리고 그녀만의 독특한 비법을 찾아냈는데, 이것이 대박이 났습니다. 그녀의 보쌈집은 손님으로 인산인해를 이루게 되었습니다.

이 보쌈집이 맛집으로 소문이 나자 가맹점을 열게 해 달라는 요청이 끊이지 않았고, 결국 그녀는 음식점 주인에서 프랜차이즈 기업가로 변신을 하게 되었습니다. 하지만 기업을 경영하려면 전문적인 지식이 필요하였고, 그녀는 자신의 배움이

짧다는 한계에 부딪혔습니다. 그녀는 포기하지 않고, 만학의 길을 선택했습니다. 검정고시를 통해 중 · 고등학교 과정을 마치고 대학까지 들어갔습니다.

그녀는 말합니다. "솔직히 책을 보는 게 쉽지 않아요. 공부도 때가 있거든요. 그래도 아는 만큼 보인다는 걸 절실히 느끼고 있기 때문에 공부합니다. 공부하면서 변화하는 나 자신을 발견하며 가슴 벅차다는 것을 느꼈습니다." 그녀는 내친김에 석사와 박사 학위까지 받았습니다. 그녀가 바로 놀부 보쌈의 김순진 회장입니다. 이제 놀부는 대한민국 최고의 한식 프랜차이즈 회사가 되었지만, 그녀는 요즘도 새로운 제품 개발에 사활을 걸며, 날마다 새로운 지식을 공부하는 데 매진하고 있습니다.

미국 경제지 《포브스》가 전 세계 억만장자 268명을 조사한 결과, 그들의 돈 버는 첫 번째 비결은 바로 '날마다 새로운 지식을 공부한다' 는 것이었습니다. 그들은 남보다 특별히 학력이 높거나 학벌이 좋지는 않았지만, 신문이나 잡지, 책 등을 읽으며 그 속에서 경제나 법률 지식, 새로운 아이디어 그리고 경영 방법을 배워서 남보다 앞서기 위해 꾸준히 노력한다고 합니다.

미국의 부동산 재벌, 도널드 트럼프는 책벌레로 유명합니다. 그는 매일 출근하자마자 5~7개 신문과 10~12권의 잡지를 보며 스크랩을 하고, 저녁 시간은 주로 독서에 투자한다고 합니다. 잠은 하루에 4시간 정도밖에 자지 않으며, 1주일에 28시간을 순수하게 독서에 할애한다고 밝혔습니다. 그는 "나와 같은 사람들은 이기기 위해 투자합니다. 이기기 위해서는 누구보다 많이 공부해서 리스크를 정확히 파악할 수 있어야 합니다"라고 말합니다.

세계적인 주식 투자가 워렌 버핏도 독서광으로 유명합니다. 그는 이미 16세에 수백 권의 투자 관련 책을 독파했고, 지금도 매일 아침 일찍 출근해서 책 읽는 데 시간을 보내며, 저녁 퇴근 후에도 계속 책 읽는 데 시간을 할애한다고 합니다. 그는 좋은 주식 투자자가 될 수 있는 비결도 책에 있다고 말합니다. "닥치는 대로 읽으세요. 나는 십대 때 이미 오마하 도서관의 투자 관련 서적을 모두 읽었습니다. 어떤 책은 두 번 읽었습니다. 그리고 난 뒤 투자를 시작하세요." 버핏은 충분한 독서를 통해 주식 투자의 기준을 만들고, 그 기업에 대한 가치판단을 한 뒤 주식을 매입하라고 강조합니다.

아시아 최대의 갑부, 홍콩의 기업가 리카싱도 지독한 독서광입니다. 그는 어려운 가정 형편으로 중학교도 마치지 못했지만, 탁월한 경제 지식과 유창한 영어 구사력을 지닌 홍콩 최대의 재벌이 되었습니다. 그 비결은 매일 잠자리에 들기 전에 30분가량 책을 읽는 습관을 가졌기 때문입니다. 마이크로소프트의 빌 게이츠 회장은 대학을 중퇴했지만 책을 많이 읽기로 유명합니다. "오늘의 나를 만든 것은 우리 마을의 작은 도서관이었습니다. 나에게 소중한 것은 하버드 대학교의 졸업장보다 독서하는 습관이었습니다"라고 말할 정도입니다. 삼성의 이건희 회장도 책벌레로 유명합니다. 일 년에 200권씩 책을 읽는다고 합니다.

책 속에 길이 있다고 말합니다. 가난을 극복하는 길도 역시 책 속에 있습니다. 가난에서 탈출해서 부자가 되고 싶다면 계속 배우고, 책 읽는 것을 멈추지 말아야 합니다. 독서 디자이너 다이애나 홍은 『책 읽기의 즐거움』이란 책에서 "한 분야의 책을 100권 이상 읽으면 책 제목과 목차만 봐도 내용이 눈에 들어오고, 1,000권을 읽으면 세상 이치를 깨우칠 수 있다"라고 말합니다. 달리 말하면 만약 부자가 되기 위해 경제 서적 100권을 읽는다면 부자가 되는 길이 보일 것이고, 1,000권을 읽는다면 부자 되는 이치를 깨우칠 수 있을 것입니다.

한 걸음 더 나아가 미국 부동산 재벌 도널드 트럼프와 『부자 아빠 가난한 아빠』의 베스트셀러 작가 로버트 기요사키는 전 세계의 빈곤 문제를 해결할 수 있는 진정한 해결책은 돈이 아니라 교육이라고 주장합니다. 잠시 돈을 주어 가난을 해결해 주면, 오히려 그 사람을 더 오래도록 가난에 머물게 만든다는 것입니다. 차라리 가난한 사람들에게 책을 읽고 금융 교육을 받을 기회를 제공하면 그들 스스로가 돈 벌 수 있는 기회를 찾아낼 수 있다고 강조합니다. 유대인의 지혜서 탈무드도 "물고기 한 마리를 잡아 주면 하루를 살 수 있지만, 그물 짜는 법을 가르쳐 주면 평생을 살아갈 수 있다"라고 말하고 있습니다. 가난은 돈으로 이길 수 있는 것이 아니라 지식으로 이길 수 있는 것입니다.

안타깝게도 미국 여론 조사 기관 NOP월드의 조사 결과에 의하면 한국인의 평균 독서 시간은 주당 3.1시간으로 세계 30개국 가운데 꼴찌였습니다. 1위인 인도가 주당 10.7시간인데 비해 3분의 1도 되지 않았습니다. 1년에 겨우 5.3권의 책을 읽는다고 합니다. 이런 즈음에 최근 불고 있는 '1년에 책 100권 읽기 운동'은 반가운 소식이 아닐 수 없습니다.

가난에서 벗어나 부자가 되길 원한다면 적어도 부자책 100권은 읽으십시오. 그곳에서 부자로 가는 길을 발견하게 될 것입니다.

스스로 부자가 되는 유일한 열쇠가 있다면 그것은 금융IQ를 높이는 것이다.
– 미국 부동산 재벌, 도널드 트럼프

작은 부자 이야기 6

명문대를 졸업하고 목사가 되겠다는 꿈을 꾸던 한 청년은 이혼이라는 인생의 풍파 앞에서 결국 꿈을 접고 말았습니다. 하루아침에 돈 한푼 없이 백수가 되어 버린 그는 다시 일어설 힘을 잃었습니다. 이때 그는 무작정 도서관에 가서 책 한 권을 읽었습니다. 인생의 고난 앞에서 눈물 흘리는 사람에게 잔잔한 위로를 주는 그런 책이었습니다. 책 속에서 위로를 받은 그는 몇 날 며칠을 책 속에 파묻혀 살았습니다. 이혼 관련 서적, 신앙 서적, 나아가 경영 서적까지. 3년간 그가 읽은 책은 자그마치 2,000권이나 되었습니다. 그러자 서서히 그의 가슴 속에 열정이 타오르기 시작했습니다. '이웃에게 복음을 전하고, 고통받는 이들을 위로하며 살겠다고 목회를 꿈꾸지 않았던가? 목회가 안 된다면 세상 속에서 이루면 된다.' 그는 책 속에서 길을 찾은 것입니다.

생각이 여기에 이르렀을 때 그에게 운명 같은 일이 생겼습니다. 인사동의 한 카페에서 사색에 잠겨 있던 그에게, 종업원이 다가와 "손님, 이렇게 혼자 오래 앉아 계시면 영업에 지장이 있습니다. 그만 일어나 주십시오"라고 말하는 것이었습니다. 창피한 마음에 후다닥 일어나서 내려오는데, 갑자기 가슴이 찡해 왔습니다. '이런 카페에 오는 사람들 중에는 외로운 사람이 많을 텐데, 그런 사람들의 이야기를 들어주고 위로해 주는 아저씨가 되면 좋겠다.' 이 생각에서 영감을 얻어 그는 '카페 마담' 이 되기로 결심했습니다.

돈이 없던 그는 우선 노점으로 가래떡 장사를 해서 자본금 2,000만 원을 만든 후, 신촌에 10평짜리 미니 카페 '민들레영토' 를 차렸습니다. 그리고 '마더 마케팅(Mother Marketing)' 이라는 경영 방식을 생각해 냈습니다. 주고, 주고, 또 주고 싶은 어머니의 마음으로 손님에게 무조건 베풀자는 것입니다. 그는 문화비 5,000원만 내면 3시간 동안 음료수는 무한정 리필해서 마실 수 있고, 컵라면이나 빵까지 먹을 수 있게 했습니다. 게다가 신문과 책까지 준비해서 읽을 수 있게 했습니다. 한 달 만에 손님은 100명으로 늘었지만 여전히 적자가 계속되었습니다. 그는 돈이 없어서 물과 컵라면만 먹어야 할 지경이었습니다. 하지만 120일이 지나자 경영은 점점 흑자로 돌아섰습니다.

그는 옆 가게까지 터서 100평으로 카페를 확장했습니다. 규모가 커지자 영화 감상실과 세미나실을 만들고, 작은 공연을 열며, 개인 상담 프로그램까지 운영했습니다.

그 후 민들레영토는 입소문을 타면서 손님이 끊이지 않았고, 고대 앞의 2호점을 시작으로 지점들을 만들면서, 10년 만에 400배의 성장을 이루었습니다. 한 라디오 프로에 소개된 '민들레영토' 지승룡 대표이사의 이야기입니다.

그가 책 속에서 길을 찾았듯이, 당신도 부자 되는 길을 책에서 찾으십시오. 책 속에 길이 있습니다.

작은 부자의 첫 단계 … 가난에서의 탈출 7

TV를 꺼라!

"부자가 되고 싶다면 부자책 100권을 읽으십시오."

"도저히 시간을 낼 수 없습니다."

사람들은 "시간이 없다"라는 말을 입에 달고 살아갑니다. 왜 시간이 없을까요?

통계청의 '생활시간 조사'는 그 이유를 잘 보여 줍니다. 2004년 통계청의 조사에 의하면 우리나라 사람들은 하루에 잠자고 식사하는 데 10시간 34분, 일하는 데 8시간 13분을 사용하고, 순수 여가 시간으로는 평균 5시간 22분을 사용하는 것으로 나타났습니다. 그런데 여가 시간 중 절반인 2시간 26분을 TV 보는 데 사용하고 있었고, 그 다음으로 많이 쓰이는 시간은 술자리 등의 교제 시간이었습니다. 하루 10분 이상 자기 계발을 위해 책을 읽거나 공부하는 성인은 20명 중에 1명에 불과해서, 평균 독서량은 1년에 5.3권, 2개월에 한 권도 채 읽지 못했습니다. TV 시청과 술로 여가 시간의 대부분을 보내고 있으니, 시간이 없는 것입니다.

그러나 부자들의 삶은 좀 다릅니다. 2004년 월간 《현대경영》의 조사에 의하면 한국의 100대 기업 CEO들의 평균 근무시간은 10시간 26분으로 보통 사람보다 오래 일하는 일 중독자의 모습을 보였으나, TV 보는 데는 46분밖에 사용하지 않았습니다. 그 대신 신문 읽는 데 52분, 사업 구상에 1시간 25분, 자기 계발을 위해 1시간 11분을 할애했습니다. 이들은 한 달 평균 3~4권의 책을 읽었고, 많게는 15권의 책을 읽는 CEO도 있었습니다. 책을 읽고 자기 계발에 힘쓰는 것이 곧 휴식이자 재충전인 셈입니다.

부자들은 이처럼 돈을 관리하는 것뿐 아니라 시간을 관리하는 데도 프로입니다. 하루 24시간을 마치 30시간처럼 알차게 쪼개서 사용하는 사람들입니다. 그러기에 다른 사람들보다 훨씬 많은 일을 할 수 있고, 많은 책을 읽을 수 있고, 많은 돈을 벌 수 있는 것입니다. 단순히 기업체의 CEO뿐만이 아닙니다. 전문직이나 프리랜서, 자영업으로 돈을 번 부자들도 대부분 분초를 다투며 부지런히 일한 사람들입니다. 특히 요즘은 피자 가게를 하나 운영해도 시테크 서비스로 식기 전에 재빨리 배달할 수 있어야 경쟁에서 살아남을 수 있습니다. 시간이 돈인 세상입니다.

우리는 누구나 하루 24시간이라는 자본금을 가지고 있습니다. 이 자본금을 잘 사용하면 큰 이익을 남기지만, 허투루 사용하면 남는 것 하나 없는 헛된 인생을 살게 됩니다. 시간을 잘 사용하는 사람에게 성공도 돈도 주어지는 것입니다.

그러면 어떻게 해야 시간을 잘 사용할 수 있을까요? 후루이치 유키오의 『1일 30분』이란 책은 이에 대한 명쾌한 해답을 주고 있습니다. 바로 'TV를 꺼라' 입니다.

후루이치 유키오는 대학을 졸업하고 신문사 기자로 일하던 평범한 직장인이었는데, 30세 늦은 나이에 미국 유학을 결심

합니다. 넉넉하지 않은 경제 형편에도 불구하고 그는 공부에 대한 열정으로 모든 어려움을 극복하고 미국 뉴욕 대학에서 MBA를 취득했습니다. 그리고 일본으로 돌아와 손꼽히는 영어 전문가이자, 유명 영어 학원을 운영하는 사업가가 되었습니다. 그의 성공 비결은 바로 '1일 30분 공부법' 입니다. 그는 매일 30분이라도 꾸준히 공부에 투자하는 것이 자신을 위한 최고의 투자라고 주장합니다.

그리고 하루 30분을 만들기 위해서 잠을 줄이지 말고 TV를 끄라고 말합니다. 잠을 줄이면 집중력이 떨어지고 건강까지 해치기 쉬우니 잠을 줄이지 말고 쓸데없이 소비하는 TV 시청 시간을 줄이라는 것입니다. '하루 두어 시간쯤 TV 보는 걸 갖고 뭘 그래' 라고 생각할지 모르지만, 평일 2시간, 주말 5시간 동안 TV를 보는 사람은 1년에 약 1,040시간, 잠자는 시간을 빼고 하루를 17시간씩 계산하면 약 61일을 TV보는 데 사용하게 된다고 합니다. 만약 32세 청년이 80세까지 이렇게 산다면, 잠자는 시간을 빼고 꼬박 8년을 TV 앞에 앉아 있는 셈입니다. TV는 시간을 빼앗아 인생을 침몰시키는 블랙홀입니다.

더욱이 수많은 연구 결과에 의해 잘 알려진 것처럼 TV의 해악성은 치명적인 수준입니다. 먼저 TV는 신체 건강을 해칩니다. 미국 미주리 대학 게이블 박사팀의 연구 결과에 의하면, TV를 많이 보는 아이들은 신체 활동이 적어져 비만이 될 위험이 많다고 합니다. 또 주당 40시간 이상 TV를 시청할 경우 당뇨에 걸릴 위험이 3배나 높아진다고 합니다.

그런가 하면 TV는 '바보상자' 로 불릴 정도로 정신 건강에도 좋지 않습니다. 미국 조지워싱턴 대학 의대 신경과 교수인 리처드 레스탁 박사의 연구에 의하면 TV의 복잡한 영상과 자막들은 뇌를 자극해서 주의력결핍이나 과잉행동장애를 불러올 수 있다고 합니다. 미국 소아과학회의 연구에서도 어릴 적 TV를 많이 본 아이는 집중력과 사고력, 창의력이 떨어진다는 것이 밝혀졌습니다. 뿐만 아니라 미국의 케이스 웨스턴 리저브 대학 의대 아미르 소아스 교수의 연구에 따르면 TV를 오래 보면 알츠하이머병(치매)에 걸릴 확률이 3배나 큰 것으로 나타났습니다.

TV를 꺼 보십시오. TV를 끄면 삶의 질이 달라집니다. 인생이 한 차원 높게 업그레이드됩니다. 세계 최고의 부자 빌 게이츠도 TV를 끈 덕분에 부자가 되었습니다. 그는 미국의 한 잡지와의 인터뷰에서 "나는 TV 프로그램을 싫어하기 때문이 아니라, 내 시간을 TV 보는 데 할애하는 게 아깝기 때문에 TV를 보지 않는다"라고 말했습니다. 변호사였던 아버지가 TV시청을 금지한 까닭에 어린 시절부터 책 읽기를 즐기게 되었다는 빌 게이츠. 그는 TV를 시청하는 대신 부모와 함께 책에서 시작하여 정치에 이르기까지, 다양하고 복잡한 여러 문제들에 대해서 함께 생각하고 토론하기를 즐겼습니다. 이런 그의 습관은 평생 이어져, 지금도 TV를 보는 대신 책 읽기를 즐겨한다고 합니다. 만약 그의 부모가 습관적으로 TV를 켜 놓고 TV 보는 것을 즐기게 만들었다면 세계 최고의 부자 빌 게이츠는 존재하지 않았을 것입니다.

미국 상류층을 차지하고 있는 유대인들의 성공 비결 역시 TV를 끈 덕분입니다. 미국에서 오랫동안 유대주의를 연구한 현용수 쉐마교육연구원장에 따르면, 유대인 가정의 거실은

TV가 없는 대신 도서관처럼 꾸며져 있다고 합니다. 그리고 아이들에게 어려서부터 까다롭고 복잡한 지혜서 탈무드를 읽히고 함께 토론합니다. TV에 익숙해지면 책 읽기를 지겨워하게 되고, 깊이 생각하는 훈련이 안 된다는 판단 때문입니다. 이렇게 어려서부터 딱딱하고 어려운 탈무드를 읽고 토론한 아이들은 자연히 학교 공부가 쉽게 여겨져 좋은 성적을 얻게 된다고 합니다.

실제로 TV는 학습과도 밀접한 관련이 있는 것으로 알려져 있습니다. 한국교육개발원의 조사에 따르면 학업 성적이 상위 10% 안에 드는 공부 잘하는 학생들의 특징도 'TV를 안 본다' 는 것이었습니다. 『내 아이를 지키려면 TV를 꺼라』는 책에서는 'TV 끄기 운동' 에 참여했던 385명 중 51%의 아이들이 전 과목 A를 받았고, 41% 아이들은 하루 1시간 이상 책을 읽게 되었다는 놀라운 결과를 밝히고 있습니다.

문제는 TV가 마치 마약처럼 중독성이 있어서 TV 끊기가 쉽지 않다는 데 있습니다. TV를 삶을 망가뜨리는 '보는 마약' 이라고까지 부르는 것도 이 때문입니다. 가랑비에 옷이 젖듯이 한두 번 TV 앞에 앉아서 시간을 보내다 보면 어느덧 발목이 잡히기 마련입니다. TV 끊기 운동에 참여했던 사람들은 TV를 안 보면 일종의 금단현상이 나타난다고 합니다. 그러나 이 시기를 이기고 계속 단호하게 TV를 끄면, 그 이후에 가장 많이 하게 되는 일이 책을 읽는 일이고, 다음이 운동과 취미 생활이라고 합니다. TV를 끄면 처음에는 어렵겠지만 결국 더 유익한 결과를 가져오게 됩니다.

인생에서 가장 큰 비극은 시간을 낭비하는 것입니다. 헛된 시간, 쓸데없는 시간으로 세월을 낭비하는 사람은 가장 불행한 사람이요, 비극적인 삶을 사는 사람입니다.

이제 "시간이 없다"라고 투덜대지 말고, 시간을 죽이는 TV를 끄십시오. TV를 끄면 부자가 될 시간을 벌 수 있습니다.

사람이 시간을 낭비하는 것은 일종의 자살과 같다.
– 영국 정치가, 조지 새빌

작은 부자 이야기 7

남을 성공시키는 사람, '자기 경영'이라는 새로운 분야를 개척한 1인 기업가. '공병호 경영연구소'의 공병호 소장입니다.

고려대학교 경제학과를 졸업하고, 미국 텍사스 주 휴스톤의 라이스 대학에서 경제학 박사 학위를 취득한 그는 국토개발연구원, 한국경제연구원의 연구원을 거쳐, ㈜인티즌, ㈜코아정보시스템의 대표이사로 있다가 2001년, 오래전부터 꿈꿔 온 개인 브랜드를 건 경영 연구소를 설립하였습니다. 안정적인 연구소 생활, 잘나가던 대표이사 자리를 버리고 1인 기업가가 된다는 것은 무모한 도전이었지만, 그의 책 『공병호의 자기경영노트』가 교보문고와 예스24의 베스트셀러에 오르면서 그의 도전은 빛을 발하기 시작했습니다. 그 이후 『공병호의 독서노트』, 『10년 후, 한국』, 『공병호의 10년 후 세계』 등이 연달아 베스트셀러가 되면서, 자기 경영 부분의 성공한 모델이 되었습니다. 강연과 저술로 분초를 다투며 바쁘게 일하는 그가 연간 벌어들인 수입은 세전 10억 원에 달합니다.

그의 성공 원인은 철저한 자기 관리입니다. 그는 하루 5시간 수면, 금주 금연, 저녁 약속 안 잡기 등으로 철저히 자기 관리를 합니다. 한번은 월간지《신동아》기자가 그에게 그렇게 시간 낭비 없이 철저하게 자기 관리를 할 수 있는 비결이 무엇이냐고 물었습니다. 그러자 그는 선뜻 'TV 안 보기'라고 답했습니다.

그는 헬스클럽에서 러닝 머신 위를 달릴 때조차 TV를 보지 않는다고 합니다. 그리고 자기 경영 전문가로서 그는 인생의 성공을 갈망하는 모든 사람들에게 조언합니다.

"퇴근 후 TV를 보지 않으면 최소 3시간 이상 벌 수 있고, 그 시간에 꼭 공부가 아니더라도 자기가 하고 싶은 일을 계획적으로 하면 인생의 그림을 바꿀 수 있습니다."

TV를 끄고 조용히 자신을 돌아보십시오. 자신이 진정으로 꿈꾸는 인생이 무엇인지 곰곰이 생각해 보십시오. 그리고 인생 최대의 자본금인 시간을 어떻게 굴릴 것인지 계획하십시오. 부자는 시간으로 돈을 버는 사람입니다.

| 제 2 장 |

부자의 대열을 따라가라

작은 부자의 두 번째 단계 … 부자에게 도전

가난에서 탈출한 사람은 본격적인 작은 부자의 단계로 들어가야 한다. 자신이 부자라 불리는 것을 불가능하다고 생각하지 말고, 과감하게 부자에 도전하라. 이 2장에서는 작은 부자가 되어 부자의 대열에 끼고자 하는 사람에게 그 길을 제시한다.

작은 부자의 두 번째 단계 … 부자에게 도전 1

부자를 따라 하라

한 젊은 경영대학원 학생이 명동 사채 시장의 대모라 불리던 '백 할머니'를 불쑥 찾아갔습니다. "좀 가르쳐 주십시오." 백 할머니는 1960년대 말부터 주식 투자로 명성을 날리던 주식계의 큰손이었습니다. 청년은 어찌어찌해서 허락을 얻은 후 백 할머니의 뒤를 따라다니게 되었습니다. 매일 할머니의 사무실로 출근을 하고, 기업체를 방문할 때도 따라다녔습니다. 그러면서 청년은 놀라운 사실을 알게 되었습니다. 주가 조작이 만연하고 여러 설과 루머가 판을 치던 당시, 할머니는 답답할 정도로 원칙을 고수하며 정석 투자만 하고 있었던 것입니다. 철저히 기업을 분석해서 사회 기여도가 높은 기업, 내용이

알찬 우량 기업의 주식만 산 후에 몇 년이고 기다렸다가 시장이 흥분하면 비로소 팔았습니다. 교과서처럼 우량주 중심의 장기 투자를 하고 있었던 것입니다. 그는 그걸 보면서 우량주는 반드시 제 몫을 한다는 사실을 배웠습니다.

그 후 청년은 증권사 입사를 결심하고, 당시 증권업계의 최고 스타였던 동양증권의 한 영업 상무를 찾아갔습니다. 그리고 다짜고짜 "상무님 밑에서 배우고 싶습니다. 저를 써 주십시오"라고 부탁했습니다. 청년은 문전 박대를 당했지만, 다음 날 똑같은 시간에 다시 사무실을 찾아갔습니다. 결국 3일 만에 청년은 승낙을 받았고, 상무의 맞은편 정면에 놓인 책상에 앉아 일을 시작하게 되었습니다. 그리고 45일 만에 청년은 대리로 승진을 하게 됩니다. 백 할머니에게 배운 대로 감이나 루머가 아닌 정확한 데이터 분석을 기초로 정석 투자를 한 청년의 능력이 인정을 받은 것입니다.

이 청년이 바로 미래에셋을 세운 박현주 회장입니다. 그는 최초로 뮤추얼펀드를 만든 펀드 열풍의 주역으로, 24억으로 23조 원을 만든 1,000배 성공 신화의 주인공이 되었습니다.

유대인의 지혜서 탈무드는 "부자가 되려면 부자의 줄에 서라"라고 가르칩니다. 부자가 되고 싶다면 부자들의 사고방식과 생활 습관을 가까이서 배우라는 충고입니다. 부자를 따라다니면서 부자들이 하는 대로 좇아 하기만 하면 돈을 벌 수가 있습니다.

1970년대 미국 최고의 갑부였던 석유 재벌 폴 게티는 『부자가 되는 법』이라는 책에서 부자가 되는 명확한 방법을 알려주고 있습니다. 그는 "당신이 부자가 되기를 원한다면 돈을 많이 버는 사람을 찾아서 그 사람이 하는 대로 따라서 하라"라고 말합니다. 부자의 사고방식과 습관을 그대로 따라 하면 부자가 된다는 것입니다.

기업들이 사용하는 경영 기법 중에 '벤치마킹'이라는 것이 있는데, 이것이 바로 일종의 '부자 따라 하기'입니다. 벤치마킹이란 자신과 같은 업계 중에서 최고의 업체를 선정해 경영방식을 자세히 분석한 후, 그대로 따라 하는 경영 전략을 말합니다. 다시 말해 자신보다 성공한 기업, 성공한 사람의 비결을 면밀히 분석해 그 장점을 따라 하고 나중에는 선두 자리까지 따라 잡는다는 계산입니다.

오토바이로 시작해서 자동차 업체를 일군 중국 최대 오토바이 제조업체 리판의 인밍산 회장은 이를 증명해 주는 한 예입니다. 그는 대학 영어 강사와 출판사 편집 담당으로 일하다가 1992년 54세의 늦은 나이에 오토바이 제조업체를 창업했습니다. 이후 그는 일본의 대표적인 자동차 업체 혼다를 벤치마킹한 '혼다 성장 전략 따라 하기'를 통해 오토바이 제조업체를 자동차 회사로 성장시켰습니다. 기술을 중시하는 혼다의 전략을 따라서 네트워크로 기술력을 높이는 방안을 고안해, 상하이통지대를 비롯한 국내 대학과 영국의 D&P, 미국의 MSC 등 관련 업체들과 연계해 자동차 제조 기술을 확보하는 데 힘쓴 결과입니다. 결국 20만 위안(약 3,000만 원)으로 시작된 그의 사업은 10년 만에 17억 위안(약 2,550억 원)의 자산을 가진 거대 기업이 되었습니다.

단지 기업뿐 아니라 개인에게도 벤치마킹은 부자 되는 최고의 방법입니다. 결혼 10년 만에 10억을 모아 작은 부자의 꿈을 이룬 권선영 씨도 『왕비 재테크』에서 자신의 성공 비결은 벤치마킹이라고 말합니다. 그녀에게는 빈손으로 결혼해서 재테크로 작은 부자가 된 선배 언니가 있었습니다. 건축 관련 제조업과 판매업을 하던 선배 언니 부부는 본업에 충실해서 정말 열심히 일하는 사람들이었습니다. 그리고 약간의 종잣돈이 모아지자 부동산에 투자를 했는데, 투자할 때마다 한 번도 실패하지 않는 기록을 세웠고, 결국 엄청난 돈을 모았습니다. 옆에서 지켜보던 그녀는 부러웠고 가끔 약이 오르기까지 했다고 합니다. 그녀는 그저 부러워하는 것에 그치지 않고, 언니 부부를 만나 밥을 사면서 도대체 그 비결이 무엇인지 물었습니다. 언니 부부는 "대출을 겁내지 마라, 매입했으면 꼭 팔려고 하지 마라"라는 두 가지 비결을 알려 주었고, 그녀가 부동산 투자에 도전하는 것을 지켜봐 주고 격려해 주었습니다. 그렇게 선배 언니의 재테크 방식을 똑같이 따라 한 그녀는 재테크에 성공하여 10억대의 작은 부자가 된 것입니다.

부자가 되고 싶다면 먼저 주위의 부자를 찾으십시오. 그리고 부자에게 점심을 사고, 부자에게 물으십시오. "부자는 어떤 생각을 하는가? 부자는 어떻게 돈을 버는가? 부자는 어디로 가는가? 부자는 어떻게 돈을 쓰는가?" 그렇게 부자의 사고방식을 배우고, 그대로 따라 하십시오. 그만한 방법이 없습니다.

부자를 마치 남의 것을 빼앗아 간 나쁜 사람처럼 몰아붙이거나, 욕하지 마십시오. 대부분의 부자들은 정당하게 땀 흘려 열심히 일해서 돈을 번 사람들이고, 자신의 욕망을 억제하고 절약하고 저축한 절제의 달인들입니다. 한마디로 배울 것이 많은 성공자입니다. 편협한 사고에 사로잡혀서 부자를 멀리한다면 절대로 부자가 될 수 없습니다. 부자가 땅을 사면 배 아파하지 말고, 어떻게 돈을 모았는지 궁금해 하십시오.

반대로 부자들이 먼 나라 사람이라도 되는 것처럼 슬금슬금 뒷걸음치지도 마십시오. 그들은 외계인이 아닙니다. 그들도 한때 돈에 쪼들려 고통 받을 때가 있었고, 한 푼이라도 더 벌려고 밤낮없이 일할 때가 있었고, 자식 때문에 눈물 흘린 적이 있는 평범한 사람들입니다. 마치 외국어를 배우려면 용기를 내어 원어민에게 가까이 다가가서 말을 붙이고 사귀어야 하듯이, 부자를 배우려면 부자와 가까워지고 사귀어야 합니다.

한 경제학자의 말에 의하면 큰돈을 번 사람들의 실질적인 경험담이나 노하우는 가까운 사람들에게만 전해진다고 합니다. 그래서 부자가 되는 방법 중 하나가 부자들과 인맥을 만드는 것이라고 강조합니다.

부자를 가까이하고 부자와 사귀는 것, 부자를 따라 하는 것, 그것이 바로 부자가 되는 지름길입니다.

성공한 사람의 흉내를 내는 것은 어느 시대이든 가장 좋은 학습 방법이다.
– 일본 유나이티드월드 증권 대표, 하야시 가즈토

작은 부자 이야기 8

《중앙일보 조인스랜드》에 실린 작은 부자, 정성호 씨의 성공담입니다.

전북 군산에서 중학교를 중퇴하고 서울로 올라온 그는 음식점 배달원, 주방 보조, 외판원, 공사장 인부 등 안 해본 일이 없었습니다. 적은 월급이지만 착실하게 일했고, 아끼고 절약해서 악착같이 돈을 모았습니다.

하지만 재테크에 대한 별다른 지식이 없던 터라 돈이 모이면 무조건 은행에 넣었고, 돈이 조금 불어나면 다시 이자가 조금 높은 CMA(어음관리계좌)나 MMF(머니마켓펀드)에 넣어 두는 정도였습니다. 몇 년이 지나도 그는 여전히 셋방살이 신세를 면하기 어려웠습니다.

그러던 그가 친지의 소개로 부동산 중개업소의 일을 돕게 되었습니다. 그곳에서 일하면서 그는 틈틈이 공부를 해 공인중개사 자격증을 땄습니다. 그리고 서울 강남의 한 중개업소에 정식 직원으로 들어가서 1년 남짓 부동산 중개 실무를 익혔습니다.

그러다가 재산이 100억 원을 넘는 부자 고객 한 사람을 만나서 가까운 사이가 되었습니다. 평소 정씨의 성실함을 지켜보던 그 부자는 정씨를 도와주고 싶은 마음이 들었습니다.

이 부자 친구는 정씨에게 자금이 얼마 정도나 있느냐고 묻더니 투자할 만한 건물 하나를 소개해 주었습니다. 경기도 부천 중동 신도시의 12평짜리 근린 상가였습니다. 건물주가 사업이 망해 급하게 내놓은 물건으로 값이 9,800만 원이었습니다. 그는 부자 친구의 충고를 받아들여 이 상가를 사서 보증금 3,000만 원, 월 임대료 110만 원에 세를 놓았습니다. 그리고 1년 뒤 그 상가를 1억 7,000만 원에 사겠다는 사람이 나타나 팔았습니다.

이 첫 번의 투자 경험으로 그는 상가 투자가 안정적인 임대 수입과 자산 가치 상승을 동시에 얻게 한다는 것을 깨달았습니다. 부자 친구에게 한 수를 배운 것입니다.

그 후로 그는 서울의 지하철 역세권과 택지개발지구 등의 근린 상가에 투자를 시작했습니다. 물론 물건을 보는 눈은 부자 친구를 통해서 배웠습니다.

그는 현재 서울 은평구의 근린 상가와 서울 용산구와 마포구에 아파트 두 채를 마련한 작은 부자가 되었습니다.

아직 큰 부자는 아니지만 셋방살이를 전전하던 때를 떠올리면 갑부가 부럽지 않은 삶입니다.

부자에게 배우고, 부자를 따라 하십시오, 그러면 작은 부자의 길이 열립니다.

작은 부자의 두 번째 단계 … 부자에게 도전 2

성공 마인드로 무장하라

한국의 부자들은 어떤 사람일까요? 경제지 《머니투데이》와 부자연구포럼의 공동 연구에 따르면, 한국에서 부자 소리를 듣는 사람은 전 인구의 약 5% 정도로 10만 명에서 최대 50만 명 정도인데, 학자들은 그들을 한마디로 '경제적 승리자'라고 말합니다. 이들 중 소위 벼락부자는 드물고, 대부분 창조적 사고와 노력을 통해 성공을 이룬 사람들이라고 설명합니다.

부자란 20대 1의 경기에서 이긴 승리자입니다. 자본주의 시장경제의 경쟁 체제에서 성공한 사람들이란 것입니다. 농·축산업이든, 제조업이든, 건축업이든, 중화학공업이든, 서비스업이든, 아니면 운동선수나 연예인이든 그 분야에서 남보다 뛰어난 업적을 만들어 내며 성공한 사람이 부자가 되는 법입니다. 이들은 공통적으로 성공하기 위해 남보다 한발 앞선 창의적인 생각을 가졌고, 남보다 몇 배 더 많이 땀을 흘리며 노력한 사람들입니다. 그리고 실패할 경우의 극심한 경제적 어려움을 각오하고 위험한 모험을 감행한 사람들입니다.

큰 부자뿐 아니라 작은 부자도 마찬가지입니다. 다들 나름대로 자신의 일이나 자기 영역에서, 또는 자기 인생에서 성공한 사람들입니다. 김밥 장사를 해서 돈을 모았더라도, 그 사람들은 나름대로 자신의 일을 남보다 잘 해낸 사람들이며, 인생의 유혹에 빠지지 않고 절제하며 자신을 지켜낸 인생의 성공자입니다. 만약 그들이 남보다 맛있는 김밥을 만들지 못했다면 돈을 벌지 못했을 것이고, 절약하지 않고 사치나 도박이나 범죄에 빠졌더라면 자신들의 부를 유지하지 못했을 것입니다.

그러므로 성공과 부를 떼어 놓고 생각할 수 없습니다. 부자가 되고 싶다면 성공해야 합니다. 성공한 사람에게 돈이 따르는 법입니다. 자신의 분야에서, 자신의 인생에서 성공하면 부는 자연히 따라옵니다. 그 한 예가 바로 스포츠 선수들입니다.

그들이 자신의 종목에서 성공하여, 승리자가 되는 순간 돈은 저절로 따라옵니다. 올림픽 수영 금메달리스트인 박태환 선수, 암울한 경제 위기 속에서 국민들에게 희망을 안겨 준 피겨 스케이팅 김연아 선수를 보십시오. 마린보이 박태환 선수는 2008년 약 10억 원의 광고 수익을 올렸고, CF 퀸이라 불리는 김연아 선수는 2008년 광고 수익만 30억 원, 2009년에는 최소 50억 원이 넘는 수익을 올릴 것으로 예상되고 있습니다.

이렇게 성공을 해야 부자가 된다고 말하면 지레 겁을 먹고 포기해 버리는 사람들이 많을 것입니다. 그러나 성공은 학벌이 좋고, IQ가 높고, 천재적인 능력을 가진 몇몇 사람의 전유물이 아닙니다. 모든 사람의 내면에는 성공의 잠재력이 숨겨져 있습니다. 단지 이것을 발견해서 계발시키느냐, 그렇지 못하느냐의 차이일 뿐입니다.

남편의 사업 실패로 빚더미에 앉게 되자, 아기의 우윳값이라도 벌겠다고 화장품 외판원으로 나선 가정주부가 있었습니다. 절박한 생계 앞에서 그녀는 전사가 되었습니다. 하루에

20명을 만난다는 각오로 뛰고 또 뛰었습니다. 보름이 지나서야 첫 주문을 받은 그녀는 인생의 벼랑 끝에서 과히 초인적인 능력을 발휘하며, 한 달 동안 11만 7,000원짜리 기초화장품 세트 129개를 팔아 치웠습니다. 다른 동료들과 비교해서 두세 배가 많은 양이었습니다. 그녀는 입사 8개월 만에 지사장에 올랐고, 15년 만에 연봉 12억 원을 받는 부회장이 되었습니다. 자랑스러운 성공 신화의 주인공이 된 것입니다.

그러나 그녀는 여기서 멈추지 않고 회사를 나와 자신의 화장품 회사를 세웠습니다. 그녀가 바로 ㈜파코메리 박형미 대표이사입니다. 그녀는 "돈의 노예가 되어 돈을 쫓지 말라"고 말합니다. 그보다는 "자신만의 가치관을 가지고 자기답게 살도록 최선을 다하라"고 말합니다. 자신의 삶에 최선을 다하고, 자신의 일과 자신의 인생에 성공을 하면 돈은 자연히 쫓아오기 때문입니다.

자신의 삶에 최선을 다하여 그곳에서 성공을 이루십시오. 『백만장자 키워드』라는 책의 저자 마크 피셔는 "백만장자가 되려면 첫째 성공 욕구를 가져라"라고 말합니다. 굳이 거창한 성공이 아니라 작은 성공이라 할지라도 성공의 대가는 반드시 있기 마련입니다.

성공을 목표로 삼았다면, 먼저 성공 마인드를 가져야 합니다. 성공할 만한 생각과 마음을 가지면 성공의 길이 열리기 때문입니다. 미국의 대재벌, 강철왕 카네기는 성공의 비결을 알아내기 위해 미국 사회에서 성공한 사람들을 인터뷰할 조사원을 찾았습니다. 그때 선택된 사람이 나폴레온 힐입니다. 나폴레온 힐은 카네기의 후원으로 20년간 토마스 에디슨, 헨리 포드, 마샬 필드, 월터 크라이슬러 등 성공한 저명인사 500명을 만나 그들의 성공담을 듣고, 공통적인 '성공의 법칙'을 찾아냈습니다. 그가 발견한 성공 법칙은 바로 '생각의 힘'이었습니다. 성공한 사람들은 공통적으로 꿈, 긍정적 사고, 자신감, 적극성, 열정, 용기와 같은 마음가짐을 가지고 있었습니다. 그는 이 연구 결과를 『성공의 법칙』, 『생각하라! 그러면 부자가 되리라』라는 책을 통해서 세상에 알렸고, 이후 성공학자가 되어 성공을 만드는 생각, '성공 마인드'를 가르치는 일에 평생을 바쳤습니다.

생각을 바꾸는 것이 무슨 대수냐고 생각할지 모르겠으나 그가 처음으로 3,000명의 세일즈맨을 대상으로 성공 마인드 교육을 시켰을 때 그 결과는 세상을 놀라게 했습니다. 평범했던 그들이 이 훈련을 통해서 약 100만 달러 이상의 높은 판매고를 올리는 탁월한 세일즈맨으로 변신한 것입니다.

이처럼 성공은 마음과 생각에서부터 시작됩니다. 누구나 자신의 생각을 바꾸어 성공 마인드를 가지도록 힘쓰기만 하면 자신 안에 숨겨진 성공 잠재력을 계발해 낼 수 있습니다.

성공 마인드를 갖는 데 특히 중요한 것이 긍정적이고 적극적인 사고방식입니다. 항상 '할 수 있다. 하면 된다. 앞으로 더 좋아질 것이다' 라고 생각하는 것입니다. 나폴레온 힐은 성공한 사람들은 매사에 적극적이고 긍정적인 자세를 가졌고, 실패한 사람들은 모든 일에 소극적이고 부정적인 자세를 가졌다고 말합니다. '나는 할 수 없어. 나는 틀렸어. 나는 못해. 나는 되는 일이 없어' 라고 생각하면 결코 아무 일도 할 수 없습니다. 미국의 사상가 에머슨도 "할 수 있다고 믿는 자들만이 정복할 수 있다"라고 말했습니다. 긍정적인 사고방식을 가지고, 용감하게 도전하는 사람들이 성공하는 법입니다.

세계 최고의 반도체 회사, 삼성의 이건희 회장도 긍정적인 사고로 사업을 일으켰습니다. 일본 와세다 대학교 상과대학을 졸업하고, 미국 조지 워싱턴 대학교 경영대학원을 마친 후 본격적으로 삼성을 이끌게 되었을 때, 그는 반도체 사업을 시작하자고 제안했습니다. 당시 우리나라의 기술은 트랜지스터 라디오를 만들 수 있는 정도의 수준이었기에, 모든 참모와 중역들이 반대를 하고 나섰습니다. "안 됩니다. 못합니다. 할 수 없습니다. 불가능합니다." 그러나 그의 생각은 달랐습니다. "우리는 할 수 있습니다." 그는 사재를 털어 작은 연구실을 만든 다음, 일본으로 건너가 최고의 기술진들을 만나 정성을 다해 설득했습니다. 기술을 전수받기 위한 각고의 노력이었습니다. 그는 결국 일본 기술진들의 마음을 움직였고, 매주 토요일마다 한국으로 건너와 기술을 가르쳐 주겠다는 약속을 받아냈습니다. 그렇게 몇 년 동안 기술을 배운 후에 자체 기술 개발에 박차를 가했습니다. 그 결과, 삼성반도체는 일본 기업을 누르고 세계 1위의 기업이 되었습니다.

우리의 사고방식에는 두 가지가 있습니다. 플러스 사고방식과 마이너스 사고방식입니다. 플러스 사고방식은 무엇이든지 할 수 있다고 긍정적으로 생각하는 것으로 여기에는 플러스의 결과, 즉 이익이 생겨납니다. 반면 마이너스 사고방식은 항상 할 수 없다고 부정적으로 생각하는 것이며, 여기에는 항상 마이너스의 결과, 손해 보는 일이 생겨납니다.

'나는 할 수 있다' 는 긍정적인 생각으로 플러스의 결과를 만들어 내십시오. 그것이 바로 성공 마인드입니다. 그리고 성공 마인드를 가지면 부가 따라옵니다.

안 된다고 생각하는 사람의 머릿속에는 안 될 수밖에 없는 이유만 들어찬다.
하지만 된다고 생각하는 사람은 1%의 가능성 밖에 없다 해도
그 가능성을 붙잡고 늘어진다.
– 대한민국 17대 대통령, 이명박

작은 부자 이야기 9

한 중학생이 연탄을 지고 나르는 아버지의 일을 거들면서 '어서 돈을 벌어 아버지를 편하게 해 드려야 하겠다'고 다짐했습니다. 아버지의 사업 실패와 가난한 형편 때문에 고등학교 진학을 포기한 소년은 의사 협회에서 사환으로 일하면서 근처 요리 학원에 다니기 시작했습니다.

아직은 남자가 요리한다는 것을 창피하게 여기던 시절이었지만, 그는 기술을 배워서 돈을 벌겠다는 일념으로 이겨 냈습니다. 의외로 그는 요리에 재능이 있었고, 썰고 지지고 볶아서 음식을 만드는 것이 재미있었습니다. 이때부터 그는 최고의 요리사로 성공하겠다는 꿈을 꾸며 최선을 다했습니다.

성실성을 인정받은 그는 학원 추천으로 하얏트 호텔의 보조 조리사로 일하게 되었지만 요리를 배울 기회는 많지 않았습니다. 그의 일이라고는 접시 닦기와 감자 깎기가 전부였습니다. 더군다나 그에게는 큰 핸디캡이 있었습니다. 어린 시절, 왼손 검지의 한 마디가 잘려 장애를 갖고 있었던 것입니다. 요리사에게는 치명적인 장애였지만,

그는 할 수 있다는 긍정적인 생각으로 오히려 더 열심히 노력했습니다.

그는 날마다 남들보다 2시간 일찍 일을 시작했고, 출퇴근 시간에는 삶은 달걀을 이용해 감자 깎는 연습을 할 정도였습니다. 외국인 주방장에게 요리를 배우기 위해 영어 학원을 다니고, 방송통신고까지 졸업하는 수고를 아끼지 않았습니다. 이런 피나는 노력의 결과, 그는 남들이 경력 8년이 지나야 오를 수 있는 퍼스트 쿡의 자리에 5년 만에 올랐습니다.

이후 그는 힐튼 호텔로 자리를 옮기면서도 초심을 잃지 않았습니다. 음식을 만들 때에는 공복 상태여야 제대로 맛을 볼 수 있기에, 점심 영업을 마칠 때까지 커피 한 잔 외에는 일절 음식을 입에 대지 않을 정도였습니다. 주문한 요리에 조그만 잘못이라도 발견되면 즉시 쓰레기통에 버릴 정도로 완벽을 기했습니다. 이런 철저한 프로 정신으로 결국 그는 1999년 서울 힐튼 호텔의 최연소 이사로 승진하게 되었습니다. 38세의 어린 나이에 대기업의 이사가 되어 억대 연봉의 꿈을 이룬 것입니다. 그가 바로 박효남 상무입니다.

그는 2001년 한국인 최초로 세계 최대 호텔 체인의 총주방장에 임명되면서, 명실공히 우리나라 최고의 프랑스 요리사가 되었습니다.

성공과 부의 가능성은 누구에게나 열려있습니다. 단 어떤 난관에도 불구하고 할 수 있다는 생각으로 포기하지 않는 사람에게만 열려 있습니다.

작은 부자의 두 번째 단계 … 부자에게 도전 3

자기 일에 승부를 걸어라

옛날 인더스 강 근처에 알리 하페드라는 농부가 살고 있었습니다. 그는 어마어마한 농장을 가지고 있는 큰 부자였습니다. 어느 날, 동방의 현자라 불리는 사람이 그를 찾아와서 아주 흥미로운 이야기를 전해 주었습니다. "만약 엄지손가락만 한 다이아몬드 하나가 있으면 나라를 살 수 있고, 다이아몬드 광산을 발견하면 자식을 왕으로 만들 수 있소." 이 말을 듣고 그는 다이아몬드를 찾아 나서기로 결심했습니다. 현자는 그에게 "높은 산 사이에 하얀 모래땅이 펼쳐져 있고, 그 모래땅을 가로지르는 강을 찾으면 그곳에 다이아몬드가 있을 것이오"라고 알려 주었습니다. 그는 다음날 곧바로 농장을 처분해 돈을 마련하고 다이아몬드를 찾아 떠났습니다. 그러나 파키스탄을 거쳐, 팔레스타인과 중동 지역을 샅샅이 뒤지고 유럽까지 돌아보았지만 현자가 말한 곳은 없었습니다. 결국 그는 빈털터리가 되어 스페인의 바르셀로나 해변에서 파도에 휩쓸려 죽고 말았습니다. 한편, 그에게 농장을 산 새 주인은 낙타에게 물을 먹이려고 농장 사이로 흐르는 개울가에 갔다가 반짝거리는 돌멩이 하나를 발견했습니다. 알리 하페드가 간절히 찾던 바로 그 다이아몬드였습니다. 그 농장의 뒤뜰이 바로 세계에서 제일 큰 골콘다 다이아몬드 광산이었던 것입니다.

요즘 조기 은퇴의 불안감 속에서 주식이나 부동산 재테크로 돈을 벌겠다고 벼르는 사람이 많다고 합니다. 자신의 실력을 높여서, 승진이나 연봉을 높일 기회를 엿보기 보다는 재테크 강의만을 좇아다니거나 인터넷 주식거래에 푹 빠진 사람들이 있습니다. 이런 모습은 다이아몬드를 찾아 헤매는 알리 하페드와 다를 게 없습니다. 어쩐지 내가 하는 일은 보잘것없어 보이고, 남이 하는 일은 대박의 기회처럼 보여서 끝없이 대박과 한탕을 쫓아다니는 것 말입니다.

그러나 부자가 된 대부분의 사람들은 그 보잘것없어 보이는 자기 일에서 성공을 이룬 사람들입니다. 족발 만드는 일에 미쳐서 더 맛있는 족발을 만들기 위해 땀을 흘린 사람은 족발집으로 성공해서 돈을 벌고, 구두 밑창이 닳도록 뛰어다니며 세일즈를 한 사람은 사업가로 성공해서 돈을 벌고, 답답한 컴퓨터 앞에 앉아서 밤을 새우며 연구한 사람은 벤처기업으로 성공해서 돈을 버는 것입니다.

'안동간고등어'의 유명한 간잽이 이동삼 씨는 평생 고등어에 소금을 쳐서 간을 맞추는 간잽이 일을 해왔습니다. 가난한 집안 형편 때문에 초등학교 문턱만 밟았던 그는 할아버지를 따라 간잽이 일을 시작했습니다. 군대를 다녀온 후 해산물 시장에서 본격적으로 간잽이 일로 월급을 받게 되자, 그는 최고의 간고등어 맛을 내겠다며 혼자 가게에 남아 밤새도록 간 잡는 연습을 했습니다. 수많은 노력 끝에 그는 고등어를 먼저 소금물에 2시간쯤 잠가 두었다가 다시 마른 소금을 치는 독특한 방식을 찾아냈고, 손으로 소금을 한 움큼 쥐면 정확히 20g을 잡아내는 달인이 되었습니다. 최고의 기술자가 된 그에게 ㈜안동간고등어 류영동 대표이사가 찾아와 함께 일을 해보자고 제의했고, 그의 명품 간고등어는 200억 원의 연 매출을 올리는 대박 상품이 되었습니다. 값싼 서민의 생선 고등어가 그에게 부자의 길을 열어준 것입니다.

성공학자 나폴레온 힐은 이렇게 충고합니다. "자신의 일에서 성공의 기회를 마련하지 못하고 그저 '다른 일을 하면 더 잘할 텐데' 라고만 생각한다면, 그의 일생은 후회와 실망으로 가득할 것이다."

부자가 되기 원한다면 자신의 일생을 걸고 승부를 걸 만한 자기 일을 찾으십시오. 자신이 가장 잘할 수 있는 일, 자기가 제일 좋아하는 일, 그 일을 할 때는 아무리 힘들어도 항상 기쁘고 즐거운 일, 그런 일을 찾아야 합니다. 그리고 자기 일, 자기 직업, 자기 분야에서 끝장을 보아야 합니다. 자신의 일에서 성공을 거둔다면 부자는 저절로 되는 법입니다.

일본 부자연구가 혼다 켄이 일본의 백만장자 1만 2천 명을 상대로 직업 선택의 기준을 조사해 보았습니다. 그 결과 일본 백만장자들은 직업을 선택할 때 '자신의 능력과 재능을 활용할 수 있는가'(54%), '자신이 좋아하는 일인가'(10%) 등을 기준으로 했다고 합니다. 아무도 '돈을 얼마나 벌 수 있는지', '근무 조건이나 환경이 좋은지' 같은 것은 고려하지 않았습니다. 일은 단지 생계를 위한 수단이 아니라 자기 성장의 기회이기 때문입니다. 그들은 일을 통해 자신이 성장하고 발전하는 과정 속에서 자연스럽게 돈을 벌어 백만장자가 된 것입니다.

미국의 영화배우이자 캘리포니아 주지사인 아널드 슈워제네거는 21세의 나이에 운동 가방 하나만 들고 오스트리아에서 미국으로 건너온 이민 1세대입니다. 어려서부터 보디빌딩 운동을 좋아했던 그는 세계 3대 보디빌딩 대회인 '미스터 유니버스'에서 우승하자, 보디빌딩 분야의 최고가 되어 영화계로 진출하겠다는 야심찬 꿈을 꾸고 미국으로 건너온 것입니다. 그러나 당시 보디빌딩은 별로 알아주는 운동도 아니고, 돈을 벌 수 있는 종목도 아니었습니다. 그는 간신히 보디빌딩 잡지의 전속 모델로 일하게 되었지만 보수가 적어서 굴뚝이나 벽난로 만드는 벽돌 공사 사업을 하며 투잡에 나서야 했습니다. 그러나 그는 꿈을 포기하지 않았습니다. 단련된 근육 덕분에 남들이 하루 걸리는 굴뚝 부수는 일을 10분이면 마칠 수 있어서 많은 돈을 벌게 되었지만 보디빌딩의 꿈을 놓칠 수 없었습니다. 그는 사업을 하면서도 운동을 계속해, 미국의 보디빌딩 대회인 미스터 올림피아에 출전하여 우승을 차지했습니다. 그 후 그는 보디빌딩을 통한 사업을 하기로 결심했습니다.

그가 생각해 낸 사업은 보디빌딩 훈련 방법과 훈련 도구들을 통신으로 판매하는 사업이었습니다. 그는 『요새와 같은 가슴을 만드는 방법』, 『아널드의 남성을 위한 보디빌딩』과 같은 소책자를 만들면서 이 사업에서 성공을 거두었습니다. 그리고 여기서 멈추지 않고 '코난', '터미네이터', '코만도' 등의 영화에까지 출연하면서 세계적인 스타가 된 아널드 슈워제네거. 아무도 관심 가지지 않는 보디빌딩이었지만, 그는 자신만의 일에 승부를 걸었습니다. 그리고 결국 그만의 성공을 일궈낸 것입니다.

이처럼 자신만의 일을 찾았다면 한걸음 더 나아가 자기 일을 사랑하십시오. 미국의 부동산 재벌 도널드 트럼프는 말합니다. "부자가 되기 위한 첫째 조건은 당신이 하는 일을 사랑하는 것이다. 사랑이야말로 이윤을 얻기 위해 필요한 에너지를 가져오기 때문이다. 어떤 일이든 사랑이라는 열정만 있으면 90%는 해결할 수 있다."

부자가 되려면 남보다 더 열심히 일하고, 그 분야에서 성공하겠다는 열정이 필요합니다. 그러나 그 열정은 자기 일을 사랑할 때만 생겨납니다. 성공에 대한 욕심이나, 의무감으로 정말 하기 싫고 적성에 맞지도 않는 일에 밤낮 매달려야 한다면 그처럼 곤혹스러운 것이 없습니다.

스포츠 하나로 일약 국민 스타가 된 김연아 선수의 경우도 그렇습니다. 그녀가 한국에서 열린 첫 국제 대회에서 2등을 했을 때, 사람들은 아쉬워하며 "다음에 더 잘하면 된다"라고 그녀를 위로했습니다. 그때 그녀는 기자와의 인터뷰에서 이렇게 말했습니다. "저는 스케이팅을 사랑해요. 하지만 그 시간이 언제나 즐겁지만은 않아요. 힘들고 짜증나고 부상당하고 눈물 나는 시간이 더 많아요. 제가 만약 1등을 위해서 스케이팅을 했다면 훨씬 전에 그만뒀을지도 몰라요. 그러나 1등을 해야겠다는 욕심보다는 연기할 때 느끼는 즐거움, 발끝의 느낌을 잊지 못해서 다시 얼음 위로 돌아간 것 같아요." 그녀를 얼음판 위에 서게 만드는 것은 1등을 하겠다는 성공에 대한 열망이나 인기, 칭찬이 아니라 스케이팅에 대한 사랑이었습니다. 힘든 연습 끝에 성공시키는 점프, 마음먹은 대로 얼음 위를 활주하며 아름다운 자세를 만들어낼 때 발끝에서 느끼는 희열. 이런 즐거움이 그녀를 얼음판 위에 서게 만든 것입니다. 이처럼 자기의 일을 사랑하는 자만이 일에 대한 열정을 가질 수 있고, 그 분야의 일인자도 될 수 있습니다.

자기 일을 사랑하는 마음을 갖고 그 일에 승부를 거십시오. 부자 되는 길은 먼 곳에 있지 않습니다. 바로 자기 일 속에 있습니다.

작업의 법칙이 있다.
일을 하면서 더 많은 즐거움을 느낄수록 받는 보수도 더 많아진다는 것이다.
– 미국 소설가, 마크 트웨인

작은 부자 이야기 10

"호두파이든 무엇이든 자신이 정말 좋아하고, 즐겁게 할 수 있는 일에 승부를 걸어라."

서초구 명물 1호 '삼순이 호두파이' 김이경 사장이 《문화일보》와의 인터뷰에서 밝힌 성공 비결입니다.

평범한 주부였던 그녀는 관절염과 극심한 주부 우울증으로 늘 몸이 아프고 무기력감에 시달렸습니다. 어느 날 무료한 마음을 달래려고 서점에 간 그녀는 파이 요리책 한 권을 발견했습니다. 책을 보는 순간 호두파이 생각이 났습니다. 꿈 많던 학창 시절, 그녀가 가장 좋아하던 음식이 바로 호두파이였기 때문입니다. 그녀는 요리책을 사가지고 집으로 돌아와 레시피를 보고 호두파이를 만들었습니다. 그러나 예전에 그녀가 맛있게 먹던 그 맛이 아니었습니다.

그녀는 자기 입맛에 맞는 호두파이를 만들겠다고 다짐하고, 6개월간 호두파이를 연구했습니다. 자신이 좋아하는 호두파이를 만드는 동안 그녀는 아픈 것도 잊고 연구에 몰두했습니다. 덕분에 기분도 아주 좋아졌습니다.

여러 실험 끝에 그녀는 결국 자신만의 비법을 찾아냈습니다. 그녀의 호두파이를 먹어 본 남편도 감탄할 정도였습니다. 그녀는 신이 나서 호두파이를 만들어 친구들에게 선물하기 시작했습니다.

그러던 어느 날 그녀는 조심스럽게 남편에게 호두파이 장사를 해보고 싶다는 말을 꺼냈습니다. 남편은 아내의 건강이 좋아진 것이 기특해서 승낙을 했습니다.

그녀는 아파트 상가 내의 5평짜리 작은 가게를 보증금 1,000만 원, 월세 50만 원에 얻었습니다. 어쩐지 세가 싸다 싶더니 가게 목이 좋지 않아 손님이 전혀 없었습니다. 그녀는 남편과 함께 새벽 2~3시까지 아파트에 전단지를 붙였고, 겨우 한 명씩 손님이 찾아왔습니다.

그러나 한번 파이를 맛본 손님은 곧 단골이 되었고, 아파트 전체에 입소문이 퍼지면서 그녀의 호두파이는 하루에 100개는 기본이고 크리스마스 때는 하루에 300~400개까지 팔리는 서초동의 명물이 되었습니다. 48시간 동안 한잠도 못자고 파이를 구워야 할 때도 있었지만 전혀 피곤하지 않았습니다.

그때 신세계 백화점 관계자가 찾아와 식품 코너 입점을

권유했습니다. 그녀는 용감하게 백화점에 입점했고, 손님들의 반응은 폭발적이었습니다. 그리고 내친김에 인터넷 온라인 상점까지 개점하여 택배를 통해 전국 판매를 시도했습니다. 이제 한 달 평균 매출 6,000만 원 이상을 올리는 그녀는 일본 진출을 꿈꾸는 성공한 여성 사업가가 되었습니다.

자신이 좋아하는 일을 하십시오. 그리고 그 일에 승부를 거십시오. 호두파이 하나라도 제대로 만들면 됩니다.

작은 부자의 두 번째 단계 … 부자에게 도전 4

부자를 만들어 주는 것은 '사람' 이다

동네의 작은 편의점을 운영하는 한 사람이 목사님을 찾아가 하소연했습니다. "도저히 여기서는 장사가 안되네요. 몇 년 동안 이곳에서 장사를 했지만 전혀 가망성이 없어요. 이사라도 가야겠어요." 목사님은 이 말을 듣고 곰곰이 생각하다가 물었습니다. "제가 몇 가지 여쭙겠습니다. 혹시 951번지에 사는 사람을 아십니까?" 가게 주인은 대답합니다. "그럼요, 가끔 저희 가게에서 물건을 사 가는 걸요." 목사님이 다시 "그럼, 그가 주로 무슨 물건을 사 갔는지 기억하십니까? 또 그의 직업이 무언지, 종교가 무엇인지, 가족이 몇인지, 가족들은 무얼 하는지, 무슨 음식을 좋아하는지는 알고 계십니까?"라고 묻자, "글쎄요"하고 말문이 막혔습니다. 그러자 목사님이 말을 이었습니다. "만약 당신이 이웃에게 좀 더 관심을 가졌더라면 아마 당신은 부자가 됐을 겁니다. 그들이 필요한 것을 미리미리 알아서 꼼꼼히 준비해 두었더라면 장사가 잘됐을 테니까요. 당신은 이 동네 사람들에게 오히려 미안하게 생각해야 합니다. 그들의 필요를 채워 주지 못했으니까요."

편의점 사업을 하더라도 그저 본사에서 처음 납품해 준 목록대로 똑같이 물건을 들여와서 계속 장사를 한다면 누구나 이 사람과 똑같은 결과가 나올 것입니다. 하지만 조금만 눈치가 빠른 주인이라면 동네 사람들을 세세히 살펴서 그 사람들이 무엇을 필요로 하는지를 정확히 파악하고 물건을 들여놓을 것입니다. 어린 자녀를 둔 젊은 부부들이 많이 사는 주택 지역의 편의점은 젊은 주부들과 어린이들이 많이 찾는 물건을 들여놓고, 회사원들이 많은 지역의 편의점은 당연히 그들의 요구를 파악해서 물건을 들여와야 합니다.

이것이 바로 부자가 되는 방법입니다. 부자가 되려면 사람들을 가까이 해야 하고, 그들의 요구를 들을 줄 알아야 합니다.

돈은 사람에게서 나오기 때문입니다. 다른 사람이 원하는 걸 만드는 사람, 다른 사람이 원하는 걸 파는 사람, 다른 사람이 원하는 걸 해 주는 사람이 돈을 벌 수 있습니다. 결국 부자를 만들어 주는 것은 돈이 아니라 사람입니다. 그래서 부자가 되고 싶다면 돈보다 사람을 소중히 여겨야 합니다.

1902년 미국 와이오밍 주 광산촌에 27세의 젊은 청년이 옷가게를 냈습니다. 청년 사장은 '외상 사절, 현찰만 가능' 이라는 영업 원칙을 내세웠습니다. 외상에 익숙한 광산촌 사람들은 이 가게가 곧 문을 닫을 것이라고 예상했습니다. 그러나 가게는 번성했습니다. 이유는 간단합니다. 그는 "남에게 대접을 받고자 하는 대로 너희도 남을 대접하라"누가복음6:31라는 신약성서의 황금률을 경영 원칙으로 삼았기 때문입니다. 그는 광산촌 광부들이 무엇을 원하는지 고민했습니다. 그러자 그의 눈에 교대 근무와 잦은 야근으로 가게 문이 열려 있는 낮 동안에는 도저히 쇼핑할 시간이 나지 않아 불편해 하는 광부들이 보였습니다. 그는 과감히 '장사는 낮에 하는 것' 이라는 통념을 깨고 새벽에 가게 문을 열고 한밤까지 장사를 해서, 광부들이 이용하기 편하게 했습니다. 그리고 항상 광부들이 필요한 것이 무엇인지 살펴보고 그들에게 유용한 최고의 물건을 들여왔고, 거친 광부들에게 늘 친절한 서비스를 제공하려고 힘썼습니다. 결과는 성공적이어서, 첫해 순익은 8,514달러로 출자금 2,000달러의 4배가 넘었습니다. 그는 이 성공을 바탕으로 미국 최초로 백화점 체인망을 구축하여 큰 부자가 되었습니다. 그가 바로 미국의 백화점왕 J.C.페니입니다.

그는 돈을 벌자 형편이 어려운 이웃을 돕는 데 앞장섰습니다. 침례교 목사의 아들인 그의 자선 활동은 교회를 중심으로 이루어졌습니다. 그는 엄청난 땅과 돈을 교회에 헌금했고, 교회는 그 기부금으로 병원과 학교를 짓는 일을 시작했습니다. 이런 그의 자선 활동은 많은 사람들의 사랑을 받게 되어, 그의 백화점은 계속 번창했습니다.

그러던 그가 1929년 위기를 맞게 되었습니다. 주가 폭락으로 인해 4,000만 달러 이상을 날려 가장 큰 손실을 입은 개인 투자자가 된 것입니다. 그가 이 위기를 극복할 수 있었던 것은 고객들의 사랑 덕분이었습니다. 그의 자선 활동에 감동을 받은 고객들은 그의 백화점을 굳건히 지켜 주었습니다. 이후 그는 미국에 이어 푸에르토리코, 멕시코 등에 1,050여 개의 백화점 체인점을 세워, 연 매출 188억 달러를 올리는 미국의 3대 유통 업체로 사업을 성장시켰습니다.

부자를 만들어 주는 것은 이처럼 '사람'입니다. 조선 후기의 거상 임상옥의 경영 철학도 한마디로 '사람'이었습니다. "장사란 이익을 남기기 보다 사람을 남기기 위한 것이다. 사람이야말로 장사로 얻을 수 있는 최대의 이윤이며 신용은 장사로 얻을 수 있는 최대의 자산이다." 사람이 남아야 남는 장사입니다. 사람을 얻으면 돈뿐만 아니라 세상도 얻을 수 있습니다.

그러나 돈을 벌기 위해 장삿속으로 하는 위장된 친절로는 안됩니다. 진실로 사람을 위하고 사려 깊게 배려하는 마음이 필요합니다. 진심은 전해지는 법입니다. 단지 고객뿐 아니라 함께 일하는 동료나 일을 시켜야 하는 부하 직원, 때론 지시받아야 하는 상사나 사장까지 모두가 중요합니다. 그들의 도움이 없이 혼자서는 어떤 일이든 할 수 없기 때문입니다. 또 달리 생각하면 그들 모두가 나 자신의 잠재적인 고객인 셈입니다. 이런 사람들의 마음을 감동시킬 수 있어야 돈도 벌 수 있고, 부자도 될 수 있습니다. 어느 누구를 만나든지 '저 사람이 내게 복을 줄지도 모른다. 저이가 나를 부자로 만들어 줄지 모른다' 는 생각으로 귀하게 여기고, 친절히 대해야 합니다.

동구제약의 이경옥 회장은 원래 평범한 가정주부였는데, 창업주인 남편이 병으로 세상을 떠나면서 갑자기 기업을 떠맡게 되었습니다. 250여 명의 직원과 그 가족의 생계가 연약한 그녀의 어깨에 달리게 된 것입니다. 그런데 엎친 데 덮친 격으로 외환 위기까지 닥쳐왔습니다. 도매업소의 도산으로 부도어음이 늘어난 데다 미결제 약국들의 야반도주까지 이어져, 그녀는 인생 최대의 위기에 부딪히게 되었습니다. 앞길이 막막했던 그녀는 매일 새벽 기도로 하나님을 의지했습니다.

그녀는 솔직하고 당당하게 부딪혀 나가기로 결정했습니다. "나는 아무것도 알지 못합니다." 그녀는 이렇게 고백하고 각 부서별 브리핑을 일일이 받으며 업무를 파악해 갔고, 위기를 헤쳐 나갈 방도를 모색했습니다. 어쩔 수 없이 구조조정을 하고서야 회사는 간신히 정상 궤도로 돌아올 수 있었습니다.

위기를 극복하고 본격적인 경영의 길로 들어선 그녀는 권위를 내세우는 대신 여성 특유의 섬세함으로 직원들을 대했습니다. 마치 어머니처럼 직원들의 이름을 일일이 기억하며 늘 칭찬과 격려를 아끼지 않았고, 생일이나 결혼기념일에는 손수 축하 카드를 보내기도 했습니다. 그녀의 이런 감성 경영은 직원들의 마음을 움직였습니다. 직원들은 회사 일에 열정을 다했고, 창의적인 아이디어를 쏟아 냈습니다. 결국 동구제약은 매출 500억 원을 바라보는 중견 제약 회사로 확고히 자리를 잡으며, 새로운 도약을 꿈꾸게 되었습니다.

돈을 벌어다 주는 것은 사람이며, 사람의 마음을 움직일 수 있는 능력이 리더십입니다. 혼자서 부자가 될 수 있는 사람은 없습니다. 마이크로소프트를 세운 빌 게이츠는 컴퓨터 소프트웨어를 만드는 기술과 미래의 기술 발전을 예측하고 비전을 제시하는 능력은 있지만 경영과 회계의 능력은 부족했습니다. 하지만 그에게는 스티브 발머라는 경영 전문 파트너가 있었기에 세계 최고의 기업을 만들어 낼 수 있었습니다. 주식 투자로 최고 부자가 된 워렌 버핏에게는 법률 전문가 찰스 멍거라는 파트너가 있었고, 헤지펀드의 대부 조지 소로스에게는 짐 로저스가 있었습니다. 무언가를 혼자서 할 때 부딪히는 개인의 한계를 넘어설 수 있는 유일한 방법은 바로 '사람' 입니다. 미국 스탠퍼드 대학 연구 센터의 조사 결과에 의하면 큰 부자 중 12.5%는 전문 지식에 근거해서 돈을 벌었지만, 87.5%는 사람을 통해서 돈을 벌었다고 합니다.

돈보다 더 귀한 재산은 사람입니다. 돈은 잃어도 사람만 잃지 않으면 돈은 얼마든지 다시 벌 수 있습니다. 돈이 아니라 사람을 남기는 '사람 부자' 가 되십시오.

20세는 체력으로, 30세는 머리로, 40세가 넘으면 우정으로 먹고 산다.
- 미국 격언

"6백만 원의 빚으로 시작한 4.5평짜리 작은 약국을 13명의 약사를 둔 기업형 약국으로 키울 수 있었던 것은 모두 '사람' 덕분이었습니다." 『육일약국 갑시다』에서 메가스터디 엠베스트 김성오 대표가 밝힌 성공 비결입니다.

20년 전, 그는 경남 마산시의 변두리 교방동에 작은 약국을 개업한 초보 약사였습니다. 그의 약국은 시내버스에서 내려서도 가파른 길을 15분이나 걸어서 올라가야 하는 외진 곳이었기에 손님이 없었습니다. 게다가 6일은 일하고 주일은 문을 닫는 '육일약국'이니 장사가 될 턱이 없었습니다. 그는 뭔가 남과 다른 특별한 경쟁력이 필요하다고 생각했습니다. 그가 생각해 낸 경영 방침은 정직과 친절로 사람을 만족시키고, 손님을 기쁘게 하는 약국을 만들자는 것이었습니다. '내 집에 오는 사람에게는 기쁨을….' 손님이 너무 없다 보니 손님 귀한 줄 절실히 깨달은 것입니다. 그는 한 명의 손님이라도 귀하게 여기고 최선을 다하면 1명이 2명이 되고, 2명이 4명으로 늘어날 것이라는 믿음이 있었습니다.

그는 약사와 손님 사이의 상담용 테이블을 낮은 테이블로 교체하고 손님이 앉을 의자도 마련한 후에, 약국을 찾은 손님에게 일단 앉기를 권하고 드링크 한 병을 대접하며 이 얘기 저 얘기를 했습니다. 손님은 느긋하게 평소 궁금했던 질병에 대한 질문을 했고, 그는 친절하고 소상하게 상담해 주었습니다. 그의 약국은 곧 동네 사랑방이 되어 누구나 드나드는 곳이 되었습니다. 그러다 보니 손님들은 미안한 마음에 작은 드링크 하나라도 사가게 되었고 매출은 점차 늘어났습니다.

1년 만에 빚을 갚게 된 그는 수익금을 이웃과 나누고 싶어서 적은 금액이지만 마을 초등학교에 장학금을 내놓기 시작했습니다. 그러자 감동을 받은 주민들은 약국의 단골이 되었을 뿐 아니라 그를 존경하기까지 했습니다. 그는 약을 팔아서 돈만 얻은 것이 아니라 사람의 마음까지 얻은 것입니다. 어느새 그의 약국은 마산에서 제일 유명한 약국이 되었습니다.

그는 매출이 늘어나자 과감하게 마산역 앞에 기업형 대형 약국을 오픈했습니다. 그곳에서는 '손님 앉히는 사람'을 따로 두고 친절한 상담 서비스를 계속했습니다. 결국 그의 약국은 매출 200배의 놀라운 성장을 이루게 되었습니다.

사람의 마음을 잡으십시오. 부자를 만들어 주는 것은 사람입니다. 그는 말합니다. "사업의 성공 여부는 사람들의 마음 방향에 달려있습니다. 사람들의 마음 방향이 자신을 향하면 그 사업은 자연히 성공하게 됩니다."

작은 부자의 두 번째 단계 … 부자에게 도전 5

천 리 길도 한 걸음부터 시작하라

스탠퍼드 대학 비즈니스 스쿨에서 창업학 수업을 듣던 한 청년에게 기업가의 꿈이 생겼습니다. 그는 공인회계사가 되어 안정된 직장 생활을 하기 바라는 아버지의 바람을 뒤로 하고 모험을 감행합니다. 대학 시절 1마일(약 1.6km)을 4분 10초에 주파하며 최고 기록을 세웠던 육상 선수 출신인 그는 운동화 사업에 승산이 있다고 생각했습니다. 당시 미국산 운동화는 5마일 정도만 달려도 발에 피가 날 정도로 품질이 좋지 않다는 데서 착안한 것입니다.

하지만 거창하게 운동화 제조업에 뛰어들 만한 자본이 없었던 그는 자신과 의기투합할 수 있는 친구를 찾아 갔습니다.

대학 시절 운동 선수로 있을 때 그와 호흡을 맞췄던 코치였습니다. 두 사람은 500달러씩을 투자해서 품질 좋은 일본 오니츠카 운동화를 수입해서 판매하는 사업을 시작했습니다. 자본이 없던 두 사람은 수입한 운동화를 직접 트럭에 싣고 다니며 거리에서 팔아야 했습니다.

거리 노점상으로 어느 정도의 돈을 모으자, 두 사람은 자체 브랜드를 개발하기로 합의하고 연구에 들어갔습니다. 아이디어는 동업자인 친구에게서 나왔습니다. 와플 모양의 신발 바닥으로 신발의 무게를 줄이는 방법이었습니다. 그들은 신발의 브랜드명을 그리스 신화 속 승리의 여신인 '나이키'로 정하고, 여신의 날개를 본 딴 모양의 로고도 만들었습니다. 세계적인 스포츠화 나이키가 탄생하는 순간이었습니다. 1972년 첫 선을 보인 나이키 운동화는 대박을 터뜨려, 1979년에는 미국 운동화 시장의 50%를 점하게 되었고, 1980년대와 1990년대를 거치면서 세계 최대 스포츠 브랜드로 발돋움하였습니다. 이들이 바로 미국 경제지 《포브스》가 선정한 세계 73위의 부자, 필립 나이트와 그의 동업자, 빌 바워먼입니다.

'일단 한번 해 봐라(Just Do It)' 는 나이키의 광고 문구처럼, 부자가 되기로 마음을 먹었다면 일단 시작부터 해야 합니다. 필립 나이트가 트럭에 운동화를 싣고 다니며 거리에서 운동화를 팔면서 사업을 시작했듯이, 비록 작고 보잘것없어도 꿈을 향해 첫발을 내디디는 것이 중요합니다.

"천 리 길도 한 걸음부터…"라는 말이 있습니다. 42.195km를 뛰는 마라톤 경주도 처음부터 풀코스에 도전하면 안 됩니다. 처음에는 1km, 5km, 10km를 완주하는 것을 목표로 일단 뛰기 시작하는 것입니다. 그렇게 여러 차례 뛰다 보면 기본 체력이 쌓여서 점점 더 긴 구간을 뛸 수 있고, 결국 42.195km의 풀코스 마라톤도 거뜬하게 뛰게 됩니다. 하지만 처음부터 42.195km에 무모하게 도전하면 구급차에 실려 가기 쉽고, 반대로 아예 시작조차 하지 않으면 평생 마라톤은 뛰어 보지도 못하게 됩니다.

부자가 되겠다는 꿈도 마찬가지입니다. 꿈을 이루기 위해서는 일단 시작해 보는 것이 중요합니다. 큰 기업을 세워 부자가 되겠다는 꿈을 꾼다면 작은 창고에서라도 시작해 보고, 식당을 차려 돈을 벌겠다는 꿈을 꾼다면 노점상이라도 시작해 보아야 합니다. 화려한 스타가 되어 부자 반열에 오르겠다는 꿈을 꾼다면 단역부터 시작해 보고, 최고의 CEO가 되겠다는 꿈을 꾼다면 먼저 말단 사원의 일부터 충실하게 해내야 합니다. 보잘것없는 시작이 싫어 크게 시작할 수 있을 때까지 기다리다가는 아무것도 못하게 됩니다. 비록 초라해 보여도 일단 시작부터 해야 합니다.

미국의 경영학 교수이자 GE의 부사장이었던 래리 보시디는 "실패하는 기업의 공통점은 아무리 큰 비전이 있고 뛰어난 전략이 있으며 훌륭한 인재가 많아도, 목표와 계획을 실천에 옮기는 실천력이 없었기에 실패했다"라고 말했습니다. 아무리 훌륭한 계획과 목표도 시작하지 않으면 아무 소용이 없습니다. 비록 작고 초라해도 목표를 향하여 실천하는 것이 중요합니다.

세계적인 은행 로스차일드는 고물상에서 시작했고, 세계 최고의 유통업계 월마트는 아칸소 주의 시골 마을인 벤턴빌의 조그마한 잡화점에서 시작했습니다. 세계 일류 전자 제품 회사 소니는 도쿄통신공업이라는 작은 회사에서 시작했고, 세계 최고의 커피 전문점 스타벅스는 시애틀 한 모퉁이의 작은 카페에서, 한국의 대표 기업 삼성은 대구에서 과일과 건어물을 취급하는 조그마한 점포에서 시작했습니다. 세계 최고의 부자 빌 게이츠의 마이크로소프트 역시 가정집 차고를 개조한 작은 사무실에서 사업을 시작했습니다.

성경에는 이런 구절이 있습니다. "네 시작은 미약하였으나 네 나중은 심히 창대하리라"욥기8:7. 시작이 작다고 절대로 우습게 보면 안 됩니다. 언젠가는 세계 최고가 될 수도 있기 때문입니다.

상술에 밝기로 정평이 나있는 유대인들의 성공 비법도 소자본으로 시작한다는 것입니다. 지금은 널리 알려진 1,000원 숍 아이템을 처음 생각해 낸 유대인 마이클 맥스는 시장 한구석에 포장마차를 치고 싸구려 물건을 파는 잡화 행상으로 사업을 시작했습니다. 그러다가 포장마차에 '원조 페니 바잘(시장)' 이라는 이름을 붙이고, 모든 물건에 '전 품목 1페니' 라는 푯말을 세우고 장사를 했는데, 이 새로운 아이템이 크게 히트를 쳤습니다. 그의 가게는 영국 전역으로 확대되었고, 1페니짜리 싸구려 물건 덕분에 그는 3년이 못 되어 큰 부자가 되었다고 합니다.

처음부터 너무 욕심대로 일을 시작해서는 안 됩니다. 고수익을 보장한다는 지인의 말만 믿고 '묻지마 투자'를 했다가 빈손이 된 사람, '먹는장사가 남는다'는 말만 듣고 퇴직금 전액을 털어 큰 음식점을 차렸다가 몇 달이 못 되어 망하는 사람, 무리하게 대출을 받아 부동산을 구입했다가 은행 이자를 제때 물지 못해서 경매에 넘어가 손해만 본 사람…. 욕심의 대가는 이렇게 큽니다.

하지만 욕심을 버리고 작게 시작한다면 이 모두가 부자로 만들어줄 가능성이 있는 투자 방법입니다. 고수익이 아닌 적당한 수익을 목표로 잡고 건전한 투자처인지 세심히 분석한 후에 투자한다면 요즘 같은 실질금리 마이너스 시대에 재산을 증식할 수 있는 좋은 방법이 됩니다. 장사를 시작한다고 해도 자신이 가장 잘할 수 있는 종목을 선정해서 작은 가게라도 사전에 철저하게 준비한 후에 창업한다면 힘은 들어도 월급쟁이에 비할 바가 아닙니다. 부동산에 투자를 할 때도 세법과 부동산 관련 지식을 열심히 공부한 후에 적당한 대출을 이용한다면 오히려 레버리지효과(지렛대효과: 타인에게 빌린 돈을 지렛대로 삼아 이익률을 높이는 것)를 볼 수 있습니다.

문제는 욕심입니다. 16세기 프랑스의 철학자 몽테뉴는 이러한 인간의 어리석은 탐욕을 경고합니다. "탐욕은 인간에게 모든 것을 욕심내게 만들지만 오히려 모든 것을 잃어버리게 한다." 부자들의 공통적인 특징은 돈 문제에 있어서 감정에 흔들리지 않고 냉철하다는 것입니다. 욕심에 빠지지 않고 합리적으로 돈 버는 길을 찾기 때문입니다. 욕심을 버리고 건전한 상식과 합리적인 이성으로 부자에 도전한다면 꿈을 이룰 수 있습니다.

19세기 중엽, 미국 캘리포니아에서 금광이 발견되자, 사금을 채취해서 일확천금의 기회를 잡으려는 사람들이 그곳에 몰려들었습니다. 17세의 데이비드 역시 사금을 캐러 갔습니다.

그러나 갑자기 모인 많은 사람들로 생활이 아주 불편해졌습니다. 건조한 날씨에 마실 물까지 부족했습니다. 운이 없는 많은 사람들은 배고픔과 목마름으로 죽어 갔습니다. 이때 데이비드는 금을 찾겠다는 허황된 꿈을 버리고, 차라리 물을 팔자고 생각했습니다. 그는 먼 곳의 호수를 연못으로 끌어와 고운 모래로 여과시켜서 깨끗한 물을 만든 후 통에 담아 팔았습니다. 사람들은 금을 캐러 와서 고작 물장사를 하느냐고 비웃었습니다. 그러나 몇 년 후 대부분의 사람들이 빈털터리가 되어 돌아갔을 때, 그는 물장사로 6,000달러를 벌어들인 부자가 되었습니다.

남들이 하찮게 생각하는 일에 오히려 돈 벌 기회가 있습니다. 너무 멀리 가지 마십시오. 차라리 지금 그 자리에서 돈 벌 기회를 찾아, 보잘것없어 보이더라도 시작하십시오. 부자의 꿈은 멀리 있지 않습니다.

멀리 가려면 가까운 곳부터 시작하고,
높이 오르려면 낮은 곳에서 출발해야 한다.
– 중국 경서, 『중용』 15장

단돈 50만 원의 밑천으로 시작한 공장을 연 매출 1,000억대의 중견 기업으로 키워 낸 ㈜이레전자산업 대표 정문식 사장.

어린 나이에 부친을 잃은 그는 어려운 집안 형편 때문에 초등학교 6학년 때부터 청계천 앰프 공장에서 일을 해야 했습니다. 낮에는 공장에서 일하고 밤에는 학교를 다니는 고된 생활이 이어졌습니다. 어렵게 한양공고 야간 전자과를 졸업한 이후에도 그는 계속 청계천 전자 회사에서 일해야 했습니다.

그러다 1990년 "네 시작은 미약하였으나 네 나중은 심히 창대하리라"욥기8:7라는 성경 말씀을 믿고, 그는 아내와 함께 5평짜리 지하 창고에서 전선 가공 하청 공장을 시작했습니다. 초기에는 하청 받기가 어려워 말 그대로 겨우겨우 생계를 이어 갔습니다. 그래도 그는 '여호와 이레, 예비하시는 하나님' 께서 모든 것을 준비해 놓으신다는 믿음을 잃지 않았습니다.

1993년, 그의 사업은 획기적인 전환기를 맞게 됩니다.

독일 하노버에서 열린 전자 박람회에서 처음으로 휴대폰을 본 후 휴대폰 생산을 결심하게 된 것입니다. 하지만 휴대폰은 전화기나 라디오하고는 차원이 달랐습니다. 휴대폰 생산을 포기하려는 순간 충전기가 그의 눈에 들어왔습니다. '꿩 대신 닭' 이라고 그는 충전기 생산에 도전했습니다. 그는 5개월 만에 차량용 충전기를 만들었고, 내친김에 핸즈프리와 일반 휴대폰 충전기, 무선전화기까지 손을 댔습니다. 결과는 성공적이었습니다.

얼마 후 현대전자로부터 OEM 방식으로 휴대폰 생산을 해보지 않겠느냐는 제안을 받고, 총 100억 원을 들여 핸드폰 생산에 들어갔습니다. 그러나 LG반도체가 현대전자를 인수하면서 그만 생산이 중단되고 말았습니다. 그는 포기하지 않고 LG전자를 찾아가 다시 거래를 뚫었고, 이레전자는 매월 완제품 30만 대, 반제품 15만 대를 생산하는 IT기업으로 변신하게 되었습니다.

정 사장은 여기서 멈추지 않고 LCD 모니터 사업에 뛰어들었습니다. 다른 기업과 달리 은행과 PC방을 타깃으로 만든 물건은 1년에 300억 원어치나 팔리며 대박을 터뜨렸습니다. 그는 더 나아가 PDP TV 생산에 도전합니다.

PDP TV는 삼성, LG 등 세계적인 다국적 기업만이 만들 수 있는 분야인데, 이 골리앗들 틈에서 다윗처럼 승부를 건 것입니다. 그리고 결국 3년 만에 자체 기술로 PDP TV를 만들어 내는 최초의 중소기업이 되었습니다. 단돈 50만 원으로 시작한 이레전자는 이제 연 매출 1,000억 원에 2,000만 달러 이상을 수출하는 중견 IT기업으로 성장했습니다.

초라해 보일 만큼 작은 곳에서라도 첫걸음을 떼십시오. 그 나중은 상상할 수 없을 만큼 창대해 질 수 있습니다.

작은 부자의 두 번째 단계 … 부자에게 도전 6

돈은 써야 돈값을 한다

1929년 미국은 대공황의 폭풍을 맞아 휘청거리고 있었습니다. 주식 시장의 폭락으로 소액주주뿐 아니라 대주주인 부자들마저 재산이 절반 이상 줄어들었고 소비 위축에 투자까지 없어 경제는 그야말로 한 치 앞을 내다볼 수 없는 지경이었습니다. 이때 미국의 최고 부자 록펠러 2세는 자신의 사회적 책임을 감지했습니다. 자신의 재산도 60% 가까이 줄어들어 심한 자금 압박이 우려됨에도 불구하고 그는 일자리를 만들 대형 투자 계획을 세웠습니다. 바로 록펠러센터 건립 계획이었습니다. 뉴욕의 중심가에 지상 70층짜리 RCA빌딩을 중심으로 주위에 빌딩 13개를 건설하는 대형 프로젝트였는데, 다른 투자자를 찾지 못해 록펠러 혼자의 힘으로 건물을 완성해야 했습니다. 그러나 그의 투자 판단은 정확했습니다. 미국은 이 같은 대규모 투자에 힘입어 경제공황을 이겨냈고, 경기가 회복되면서 그도 엄청난 임대 수입을 얻게 된 것입니다.

이처럼 투자란 개인에게는 이익을 주고, 사회에는 경제 발전의 계기를 제공하는 아주 유익한 경제활동입니다. 최근에는 금융 위기로 인해서 투자를 마치 위험스러운 도박처럼 생각하는 부정적이고 소극적인 견해가 만연해 있지만 투자의 본래 의미는 이처럼 긍정적인 것입니다. 투자가 문제시된 것은 욕심에 빠진 사람들이 투자를 오직 단기간에 고수익을 올리는 한탕의 투기로 생각했기 때문입니다.

성경에도 투자의 개념이 나타난 이야기가 있습니다. 물론 성경은 높은 이자로 가난한 사람들을 착취하는 고리대금이나 욕심에 빠져 한탕으로 돈을 벌려는 투기는 죄악으로 여겨 금지하고 있지만(출애굽기22:25-27, 신명기23:19, 잠언28:8), 사업가나 상인이 수익을 얻기 위해 돈을 필요로 할 때 적당한 이자를 받고 돈을 빌려 주는 것은 긍정적으로 보고 있습니다.

대표적으로 예수님께서 가르치신 마태복음 25장의 달란트 비유에서 이를 확인할 수 있습니다. 한 주인이 멀리 외국으로 여행을 가면서 3명의 종에게 각기 금 5달란트, 2달란트, 1달란트(1달란트는 우리 돈으로 약 5억 원)의 재산을 맡겼습니다. 그리고 얼마 후 돌아와 종들과 회계를 해 보니 5달란트를 받은 종은 그 돈을 밑천 삼아 장사를 해서 5달란트를 남기고, 2달란트를 받은 종도 열심히 장사를 해서 2달란트를 남겼습니다. 그러나 1달란트를 받은 종은 혹시 손해를 볼까 두려워서 땅에 감추어 두었을 뿐 아무 이익을 남기지 못했습니다. 그때 주인은 5달란트와 2달란트 받은 종들은 칭찬을 하며 잔치에 참석하라고 하지만, 1달란트 받은 종에게는 이렇게 말합니다. "그러면 네가 마땅히 내 돈을 취리하는 자들(돈놀이 하는 사람)에게나 두었다가 나로 돌아와서 내 본전과 변리(이자)를 받게 할 것이니라 하고 그에게서 그 한 달란트를 빼앗아 열 달란트 가진 자에게 주어라 무릇 있는 자는 받아 풍족하게 되고 없는 자는 그 있는 것까지 빼앗기리라" 마태복음25:27-29. 이 이야기의 원래 의미는 하나님께서 각 사람들에게 주신 달란트 즉, 재능과 능력과 재물을 묵혀 두지 말고 하나님의 나라를 위해서 선한 일에 사용해야 한다는 것입니다. 그런데 여기서 예수님의 경제관념을 엿볼 수 있습니다. 예수님도 돈을 땅에 묻어 두는 것보다는 투자해서 이윤을 남기도록 사용하는 것을 옳게 여기신다는 것입니다.

종교개혁자 장 칼뱅을 비롯해 네덜란드 개신교도나 영국의 청교도들도 상업을 위해 자금을 투자하고 어느 정도 한도 내에서 이자를 받는 것을 허용했습니다. 이 때문에 근대 개신교인들에게는 근검절약하여 저축한 돈을 산업에 투자해서 이익을 얻는 절제된 경제생활이 장려되었고, 이는 근대 서구 자본주의 형성에 큰 도움을 주게 됩니다.

기본적으로 돈이란 땅에 묻어 두면 돈값을 하지 못하는 것입니다. 돈을 돌려서 돈이 정말로 필요한 곳에 사용될 수 있도록 풀어 주어야 합니다. 자신이 그 돈을 사용해서 땀 흘려 장사나 사업을 하든지, 아니면 그렇게 일할 사람이 사용할 수 있도록 투자해야 합니다.

어떤 사람들은 이런 투자 수익을 불로소득이라고 나쁘게 생각하지만 그렇지 않습니다. 투기가 아닌 정당한 투자는 기업과 사회 발전에 이바지 하는 것입니다. 개인이나 기업이 여윳돈으로 투자를 하면, 기업들은 투자 받은 돈으로 생산 시설을 확충하거나 연구 개발에 투자해서 더 많은 이익을 만들어 내고, 일자리도 창출해 냅니다. 이렇게 투자로 생긴 이익은 다시 투자자들에게 돌아가 경제를 활성화시키는 훌륭한 수단이 됩니다. 오히려 여윳돈을 투자하지 않고 개인 금고에 묵혀 둔다면 그 돈은 가치를 잃어버리게 됩니다. 돈은 돌고 돌아야 진짜 돈입니다. 돈이 돌면서 여러 가지 부가가치를 만들어 내야 돈의 가치가 제대로 발휘되는 것입니다. 그저 쌓아만 둔다면 일반 종잇조각과 다를 게 없습니다. 돈은 써야 돈값을 합니다. 바람직한 투자에 돈이 쓰인다면 그 돈은 정말 값지게 사용되는 것입니다. 그러나 투자에도 윤리가 뒷받침되어야 하는 법입니다. 절대로 투자를 돈 놓고 돈 먹는 도박판으로 여겨서는 안 됩니다.

부자와 가난한 사람의 차이는 바로 투자에 눈을 떴느냐 뜨지 못 했느냐의 차이입니다. 소득에는 크게 두 가지 종류가 있습니다. 하나는 개인이나 기업이 직접 생산에 참여해서 얻는 것으로 근로소득이나 기업 이윤 등이고 다른 하나는 부동산이나 주식, 채권 등의 투자를 통해서 얻는 투자 수익입니다. 근로소득의 경우 자신의 시간과 노력을 들여서 일해야만 돈을 벌 수 있지만, 투자 수익의 경우는 자신의 시간이나 노력과는 상관없이 돈이 돈을 벌어들이는 수익입니다. 그래서 『부자 아빠 가난한 아빠』를 쓴 로버트 기요사키는 "부자들은 투자 수익을 늘려서, 돈을 위해 일하지 않고 돈이 자신을 위해 일하게 만든다"라고 말하고 있습니다.

그러므로 가난에서 벗어나 부자에 도전하는 사람이라면 올바른 투자에 눈을 떠야 합니다. 그렇다면 바른 투자는 어떻게 해야 할까요? 첫 단계는 투자를 저축의 연장선에서 생각해야 합니다. 자신이 아껴 쓰고 절약해서 모은 돈이 물가 상승으로 인해서 그 가치가 떨어지는 것을 방지하는 자산 보호 차원에서 투자를 모색하는 것입니다. 그저 은행 빚을 줄이고 CMA,

MMF 그리고 뮤추얼펀드나 투자신탁 등을 통해 은행 이자보다 약간 더 높은 이자를 얻는 것이 현명한 첫 투자가 될 것입니다. 부자일수록 0.1%의 이자에도 민감합니다. 이자를 통한 돈의 생산성을 잘 알기 때문입니다. 돈은 묵혀 두지 않고 부지런히 굴릴수록 불어나기 마련입니다. 이런 투자금은 개인에게도 이익을 주지만, 은행과 기업에 요긴한 돈이 됩니다. 그러나 이런 투자에도 정확한 지식이 있어야 합니다. 모든 투자에는 리스크(위험도)가 있으므로 안정성을 늘 고려해야 합니다. 투자처도 제대로 모르는 파생금융상품에 투자했다가는 낭패를 보기 쉬우므로 주의해야 하고, 과다한 고수익을 보장한다고 투자자를 모은다면 사기일 가능성이 크니 경계해야 합니다. 로버트 기요사키는 『부자 아빠 가난한 아빠 2』에서 대부분의 미국 백만장자들이 이런 보수적이고 균형 잡힌 투자를 통해서 부자가 되었다고 밝히고 있습니다. 이처럼 소극적인 투자만으로도 제법 큰돈을 모을 수 있는 것입니다.

두 번째 단계는 좀 더 능숙한 투자자가 되어 직접 주식이나 사업 인수, 부동산 거래, 경매 입찰 등에 참여하는 것입니다.

이런 단계에서는 고도의 금융 지식이 필요합니다. 기업의 재무제표 정도는 너끈히 읽을 줄 알아야 하고, 욕심에 빠지거나 헛된 정보에 휩쓸리지 않을 만큼 나름의 투자 원칙을 가져야 합니다. 이 단계에서는 20~25% 정도의 고수익을 올릴 수 있다고 말하지만 반대로 그만큼 손해를 볼 수도 있기 때문에 어느 정도 손해에도 생계에는 아무 지장이 없을 만큼의 자본금이 만들어졌을 때 뛰어들어야 하고, 리스크를 대비할 수 있는 능력도 있어야 하며, 나름의 투자 한계선을 설정하는 절제도 필요합니다.

세 번째 단계는 작은 부자가 아닌 큰 부자들, 즉 자본가들의 투자입니다. 이들은 투자 기회를 창출해 내는 사람으로, 자금을 공급해 엄청난 사업을 일으켜 일자리를 만들고 상품을 생산해 나라를 번창시킵니다. 이들은 한 나라를 움직이고 흔드는 사람들이며, 다른 사람을 부자로 만들기도 하고, 때로 엄청난 기부금으로 사회에 공헌하기도 합니다.

투자를 통해 부자가 되려면 순서대로 이런 단계를 거치면서 차츰 투자 실력을 키워 나가야 합니다. 투자가 좋다고 아끼고 저축해서 종잣돈을 만들어 본 경험도 없는 사람이 무작정 투자에 뛰어들어서는 안 됩니다. 배움의 기간을 통해서 돈을 관리하는 능력을 키워야만 투자에 뛰어들 자격이 있습니다. 그리고 투기가 되지 않기 위해 단기간이 아닌 장기간의 투자를 고려해야 합니다. 세계적인 투자가로 칭송받는 워렌 버핏은 한 대학 강연회에서 이렇게 말했습니다. "투자는 언덕에서 눈덩이를 굴리는 것과 같다. 누가 더 큰 눈덩이를 만드는가는 세 가지에 의해 결정된다. 첫째 굴리기 전에 손으로 뭉친 눈덩이를 얼마나 튼튼하게 만들어서 굴리는가이고, 둘째 눈덩이가 굴러가는 도중에 깨지거나 가로막는 것이 없어야 하며, 셋째 굴리는 언덕이 얼마나 긴가 하는 것이다." 투자의 종잣돈이 클수록, 위험도가 낮을수록, 기간이 길수록 수익이 크다는 것입니다.

만약 작은 부자를 넘어 큰 부자에 도전한다면 투자에 관심을 가지십시오. 그러나 투자는 신중해야 합니다. 투자시장은 돈을 관리할 만한 능력을 갖추고 투자에 대한 지식으로 무장한 사람만이 수익을 낼 수 있는 일종의 전쟁터이기 때문입니다. 또한 투자에는 윤리가 따라야 합니다. 최근 미국 AIG은행의 탐욕스러운 경영진들이 정부로부터 받은 구제 금융으로 보너스 잔치를 벌여 전 세계의 지탄을 받은 일이 있습니다. 나라야 망하든 말든 돈만 많이 벌면 된다고 생각하면 착각입니다. 결국 국가와 사회가 위기를 맞으면 이를 바탕으로 이익을 만들어 내는 기업이나 경영진도 함께 망할 수밖에 없는 것입니다.

투자는 오직 자격을 갖춘 사람이 욕심을 버리고 자기 나름의 투자 철학을 가지고 뛰어들 때만, 큰 부자에 도전할 기회가 됩니다.

부자가 되는 행동은 의외로 단순하고 명쾌하다.
열심히 일하고, 일을 통해서 수입을 늘리고,
그렇게 번 돈을 절약하면서 저축하고, 저축한 돈을 투자하는 것이다.
여기에 키포인트는 이 같은 행동을 아주 긴 시간 동안 반복하는 것이다.
– 미국 조지타운 대학 교수, 릭 에덜먼

1985년 자동차용 플라스틱 부품 업체를 인수해 사업을 시작한 ㈜대의테크 채의숭 회장. 무수한 어려움을 이겨내고 비약적인 성장을 이루던 1991년, 그는 제2의 도약을 꿈꾸며 천안에 공장을 신축하게 되었습니다.

3개동의 공장 건물 중 1개동의 건축을 완성하고 2개동의 건축을 시작할 무렵, 마른하늘의 날벼락 같은 소식이 전해졌습니다. "회장님, 공장에 불이 났어요." TV의 9시 뉴스에는 불바다로 변한 공장 모습이 비쳐졌습니다. 천안 지역 소방차 28대가 모두 동원되었지만 강풍 때문에 불길을 잡지 못해, 결국 평택 미군 부대의 화학차가 합류해서야 겨우 불을 끌 수 있었습니다. 현장은 참혹했습니다. 건물의 쇠기둥은 엿가락처럼 녹아 버렸고, 물건 하나 건질 수 없었습니다.

등기가 끝난 후 보험에 가입할 생각이었기에 아직 보험도 들지 않은 상황이었습니다. 이 공장에 사활을 걸고 전 자금을 투자한 그는 모든 것을 잃었습니다. 절망적이었습니다. 그는 처음으로 하나님께 원망이란 걸 해 보았다고 합니다. 그러나 그는 곧 마음을 돌이켜 하나님께 무릎을 꿇었습니다. 순간 하나님의 세미한 음성이 들렸습니다.

"내가 네게 명한 것이 아니냐 마음을 강하게 하고 담대히 하라 두려워 말며 놀라지 말라 네가 어디로 가든지 네 하나님 여호와가 너와 함께 하느니라"여호수아1:9.

그는 다시 일어설 힘을 얻었지만 문제는 채권단이었습니다. 부채 상환 날짜가 다가오는데 돈은 하나도 없었습니다. 만약 채권자 32명이 한꺼번에 부채 상환을 요구하면 곧바로 부도로 연결되어 회사는 회생하기 어려운 상황에 빠지게 됩니다.

그는 채권자 32명을 일일이 만나, 상황을 솔직하게 털어놓고 도움을 구했습니다. "1년만 참아 주십시오. 1년 후에 반드시 갚겠습니다. 지금은 상환이 불가능합니다. 저를 믿어 주십시오." 놀랍게도 채권자 32명 모두가 이 제안에 응해 주었습니다. "당신을 믿습니다. 당신은 지금까지 약속을 정말 잘 지켜 주었습니다. 이번에도 약속을 지켜 줄 것을 믿습니다. 그때까지 기다리겠습니다. 꼭 재기하시길 바랍니다." 그는 고마운 마음에 눈물이 핑 돌았습니다. 게다가 거래 은행은 3억의 추가 대출을 허락해 주었습니다.

모든 것이 하나님의 은혜였습니다.

그는 결국 재기에 성공해서 1년 만에 모든 부채를 갚고, 8,000평의 견고한 회사를 세웠습니다. 현재는 자회사 6개, 연 매출 2,700억 원의 중견 그룹이 되었습니다.

정직한 투자자는 기업의 동반자입니다. 돈은 이런 투자에 쓰일 때 제값을 하게 됩니다.

작은 부자의 두 번째 단계 … 부자에게 도전 7

하늘의 부요 법칙을 따르라

"너는 평생에 하나님의 창고를 부하게 하라 그러면 하나님께서 네 창고를 항상 넘치게 해 주실 것이다."

방직공장에서 일하던 가난한 어린 소년에게 어머니는 이렇게 가르쳤습니다. 그 소년은 어머니의 가르침을 가슴에 새겼고, 하나님의 창고를 채우는 일에 힘썼습니다. 수입의 십일조를 철저히 드렸고, 가난한 이웃을 돕는 일에도 발 벗고 나섰습니다. 이 소년이 바로 미국의 대표적인 강철 회사, 카네기 강철 회사를 세운 앤드류 카네기입니다. 그는 부자가 된 이후에도 '부는 하나님으로부터 맡겨진 것' 이라는 신앙으로 2억 3,600만 달러라는 거액을 기부해서 카네기 재단을 세웠고,

재단을 통해서 인류 복지 향상을 위한 교육과 학술 발전을 지원했습니다. 그리고 카네기 공과대학을 설립하고 각종 기금을 마련해 자신의 부를 사회에 환원했습니다.

그의 어머니가 그에게 가르쳐 준 것은 다름 아닌 '하늘의 부요 법칙' 이었습니다. 그녀는 성경을 통해서 모든 재물의 주인이신 하나님의 마음을 감동시키면 부자가 될 수 있다는 지혜를 배웠고, 그 지혜를 아들에게 전해 준 것입니다.

미국 매사추세츠 공과대학 경제학과 조너선 그루버 교수는 '종교 시장구조, 종교 참여와 결과—종교는 유익한가?' 라는 그의 논문에서 '교회에 다니면 부자가 될 확률이 높아진다' 는 놀라운 결과를 발표했습니다. 그의 조사에 의하면 교회 참석 빈도가 2배가 되면 가계 소득이 9.1% 증가한 것으로 나타났습니다. 그리고 예배 참석률이 높을수록 학력과 소득수준, 혼인율이 높았고, 반대로 영세민이 될 확률이나 이혼율은 낮았습니다. 그는 신앙심이 강해질수록 일상 문제들에 대한 스트레스가 줄어 들어 직업이나 결혼 생활에 성공할 확률이 높다고 설명합니다.

19세기 독일의 사회학자 막스 베버도 근대 유럽 사회에서 자본주의가 발달된 것은 기독교 사상이 밑바탕 되었기 때문이라고 말했습니다. 기독교인들은 모든 재물의 주인은 하나님이시고, 인간은 단지 주인의 재물을 맡은 관리자에 불과하기 때문에, 하나님의 재산을 잘 관리할 의무가 있다고 생각했습니다. 그래서 그들은 열심히 일하고, 근검절약하여 저축했으며, 저축되어진 돈이 다시 산업 발전에 투자되면서 자본주의가 발전했다는 것입니다.

미국의 스텐더드 석유 회사를 창립한 석유왕 존 록펠러, 카네기 강철 회사를 세운 강철왕 앤드류 카네기, 백화점왕이라 불리는 존 워너메이커, 포드 자동차회사를 세운 자동차왕 헨리 포드, 맥도널드 창립자 레이 크록, 월마트 창립자 샘 월튼, KFC 창립자 커널 샌더스, 코카콜라 창립자 아서 캔들러 등 역사에 기록될 만한 세계적인 부자들 중 기독교인은 그 수를 셀 수 없을 정도로 많습니다.

이렇듯 기독교에는 역사적으로 증명된 하늘의 부요 법칙이 있습니다. 하늘의 부요 법칙은 단순히 부자가 되는 방법만을 가르쳐 주는 법칙이 아니라 '부자란 무엇인가, 왜 부자가 되어야 하는가' 라는 부자의 참된 의미까지 가르쳐 주는 것입니다. 성경을 통해서 배울 수 있는 이 부요의 법칙을 따른다면 누구나 부자가 될 수 있습니다.

첫째, 모든 재물의 주인이 하나님이심을 인정하라

하늘의 부요 법칙의 가장 중심은 '모든 재물의 주인이 하나님이심을 인정하라' 는 것입니다. 하나님은 전 우주를 창조하신 주인이십니다. 온 지구, 모든 동물과 식물, 광물과 천연자원이 모두 하나님의 것입니다. "…천지에 있는 것이 다 주의 것이로소이다…부와 귀가 주께로 말미암고 또 주는 만유의 주재가 되사 손에 권세와 능력이 있사오니 모든 자를 크게 하심과 강하게 하심이 주의 손에 있나이다" 역대상29:11-12라는 성경 말씀처럼 모든 재물의 주인도 역시 하나님이십니다. 단지 하나님께서 사람들에게 그 재물을 잠시 맡기신 것뿐입니다. 부자가 되느냐 가난한 사람이 되느냐는 전적으로 하나님의 손에 달려 있습니다. 하나님께서는 과연 이 재물을 관리할 만한 능력이 있는가를 가늠해 보신 후에 자격이 있는 사람들에게, 관리할 수 있을 만큼의 재물만을 허용하십니다.

미국 역사상 최고의 부자라 일컫는 록펠러는 구두쇠로 유명한데, 그는 항상 "재산은 성실하게 관리하라고 하나님이 잠시 맡겨 놓은 것이다"라고 가르치며, 집안에 쓸데없는 불은 끄고, 식사 시간에도 접시에 음식을 남기지 못하게 하였습니다. 그렇게 모은 돈을 교회를 세우는 일에 쓰고, 자선 재단을 만들어 가난한 사람을 돕는 일에 사용하였습니다. 아무리 부자라도 그저 하나님께로부터 남보다 더 많은 재물을 맡아서 사용할 수 있는 권한을 위임받은 사람일 뿐, 결코 주인이 아니라고 생각한 것입니다.

모든 재물의 주인이 하나님이심을 고백하면, 자신의 욕심에 따라 재물을 함부로 사용하지 않고 절제하며 사용하게 되고, 규모 있는 경제생활을 하게 됩니다. 그러면 부는 점점 커지게 마련입니다.

이렇게 모든 재물의 주인이 하나님임을 인정하는 표시가 바로 십일조입니다. 하나님께서 주신 모든 소득에 감사드리며,

대표로 그 중에서 10%를 특별히 하나님의 것으로 구별해서 십일조로 헌금하는 것입니다. 하나님께서는 이렇게 십일조를 드리는 자에게 축복을 주시겠다고 약속하셨습니다. "만군의 여호와가 이르노라 너희의 온전한 십일조를 창고에 들여 나의 집에 양식이 있게 하고 그것으로 나를 시험하여 내가 하늘 문을 열고 너희에게 복을 쌓을 곳이 없도록 붓지 아니하나 보라" 말라기3:10. 그래서 스위스의 신학자 칼 바르트는 "하나님의 축복의 문을 여는 열쇠가 바로 십일조에 있다"라고 강조했습니다.

하나님의 축복으로 거부가 된 모든 기독교인들은 예외 없이 철저한 십일조로 축복을 받았습니다. 맨소래담을 세운 미국의 기업가 하이드는 "나는 큰 빚을 진 어려운 상황에서 오히려 더 십일조를 믿음으로 드렸더니 하나님께서 성공을 주셨다"라고 고백할 정도입니다.

둘째, 하나님의 말씀대로 의롭게 돈을 벌라

저명한 미국 경제학자 헨리 조지는 "성경의 경제법만 제대로 지키면 사회 · 경제문제는 다 해결할 수 있다"라고 말했습니다. 성경은 인생을 어떻게 살아야 하는지를 잘 가르쳐 주고 있습니다. 사람은 하나님을 섬기며, 이웃을 사랑하면서, 바르고 의롭게 살아야 합니다. 하나님께서는 성경 말씀의 가르침대로 살아가는 사람, 바르고 정직하게 돈을 벌려는 사람에게 재물을 주십니다. 때로 사람들은 기독교 신앙이 돈 버는 데 오히려 장애가 된다고 말합니다. 뇌물을 줄 수도 없고, 술로 영업을 할 수도 없고, 주일은 쉬고, 남의 돈을 떼어먹어도 안 되고, 정직해야 하니 그렇게 해서 무슨 돈을 버느냐고 말입니다. 그러나 불의한 방법으로 번 돈은 결코 오래가지 않습니다. 오히려 기독교 신앙으로 인한 정직과 성실과 신용이야말로 부자가 되는 든든한 자본이 될 것입니다.

"할렐루야, 여호와를 경외하며 그 계명을 크게 즐거워하는 자는 복이 있도다 그 후손이 땅에서 강성함이여 정직자의 후대가 복이 있으리로다 부요와 재물이 그 집에 있음이여 그 의가 영원히 있으리로다"시편112:1-3. 하나님께서는 말씀대로 의롭고 바르게 사는 자에게 부요와 재물을 약속하고 계십니다.

영국의 감리교 창시자 존 웨슬리는 "영국의 감리교 신자들이 하나님 앞에 신앙생활을 잘할 때 모두가 부자가 되었다"라고 말하고 있습니다. 정말 자신의 신앙을 증명해야 할 곳은 바로 교회 밖의 자기 일터, 자기 사업장입니다. 그곳에서 참된 신앙을 가지고 하나님의 말씀대로 바르게 살려고 노력할 때, 하나님의 임재와 축복을 체험하게 될 것입니다.

셋째, 하나님의 도움을 믿으라

6 · 25전쟁 후 수원에서 운수업을 하며 제법 돈을 모은 한 사업가가 있었습니다. 그에게 한 재일 교포가 찾아와 한국 최초의 비료 공장을 세우자고 제의했습니다. 비료 전량을 일본에서 수입해다 쓰는 시기였기에 세우기만 하면 억만장자가 될 것이라는 소리에 혹해서 그는 전 재산뿐 아니라 일가친척의 돈까지 끌어들여 투자를 했습니다. 그러나 그 교포는 국제 사기꾼이었습니다. 전 재산을 날린 그는 억울하고 분한 마음에 정신병원 신세까지 져야했고, 늘 죽을 생각만 하게 되었습니다. 그때 담당 의사가 전도를 했습니다. "믿음은 백그라운드

같은 것일세. 죽을 힘이 있다면 차라리 죽을힘을 다해 하나님을 한번 믿어 보지 않겠나?" 그는 '물에 빠진 사람 지푸라기라도 잡는다' 는 심정으로 교회에 나가기 시작했습니다.

이를 계기로 그는 예수님을 만났고, 새사람이 되었습니다. 예수님을 만나자 그에게 꿈이 생겼습니다. 그는 성경의 가르침대로 '빛과 소금' 의 삶을 살겠다는 각오로 소금 장사에 뛰어들었습니다. 그리고 서해 바다에 10만평 염전을 일구는 꿈을 꾸었습니다. 그는 이 꿈을 써서 집에 붙여 놓고 늘 기도했습니다. 그리고 항상 하나님의 일을 우선시해서, 기도원 성전 건축 헌금으로 자신의 집을 드리고, 자신은 월세를 사는 믿음의 선택도 마다하지 않았습니다. 그러자 하나님께서는 그의 기도에 응답하셨습니다. 그에게 넘치는 사업 아이디어를 주셔서 화성에 10만 평, 인천에 18만 평, 당진에 30만 평 등 모두 60만 평에 이르는 염전을 허락하신 것입니다. 그는 이제 대한민국 최고의 소금상이 되어, 세계 곳곳을 누비며 하나님의 기적을 간증하고 있습니다. 그가 바로 천일제염공사, 천해수산, 천양수산의 대표회장 김수웅 장로입니다.

인간의 능력은 한계가 있습니다. 그래서 그 한계에 부딪치면 절망에 빠지곤 합니다. 그러나 하나님의 능력에는 한계가 없습니다. 그 분은 전지전능하셔서 무엇이든지 하실 수 있습니다. 그리고 하나님은 누구든지 그 분을 믿고 도움을 요청하는 자에게 손을 내밀어 도와주시겠다고 약속하셨습니다. "두려워 말라 내가 너와 함께 함이니라 놀라지 말라 나는 네 하나님이 됨이니라 내가 너를 굳세게 하리라 참으로 너를 도와주리라 참으로 나의 의로운 오른손으로 너를 붙들리라"이사야41:10.

영국의 설교가 찰스 스펄전 목사는 말했습니다. "가난과 어려움을 갖고 하나님께 나아오는 자에게 하나님께서는 축복의 창고 문을 열어 주신다." 하나님을 믿고 손을 내밀어 도움을 요청하십시오. 당신이 생각지도 못한 크고 놀라운 일을 이루어 주실 것입니다.

넷째, 하나님의 뜻대로 돈을 사용하라

하나님께서 맡기신 재물은 하나님의 뜻대로 사용해야 합니다. 모든 재물의 주인이신 하나님께서는 마지막 때에 반드시 주신 재물에 대해서 회계하십니다. 주인의 돈을 얼마나 잘 관리했는지, 얼마나 이익을 남겼는지 계산하십니다. 그 마지막 심판의 때를 생각하며 책임감 있게 부를 관리하고 사용해야 합니다.

재물 사용에 대한 하나님의 뜻은 명확합니다. "네가 이 세대에 부한 자들을 명하여 마음을 높이지 말고 정함이 없는 재물에 소망을 두지 말고 오직 우리에게 모든 것을 후히 주사 누리게 하시는 하나님께 두며 선한 일을 행하고 선한 사업에 부하고 나눠 주기를 좋아하며 동정하는 자가 되게 하라 이것이 장래에 자기를 위하여 좋은 터를 쌓아 참된 생명을 취하는 것이니라"디모데전서6:17-19. 하나님께서는 자신의 욕망을 채우는 일에 재물을 사용하지 말고, 하나님의 나라를 위해서 선한 일에 사용하고, 이웃에게 나눠 주기를 힘쓰라고 하셨습니다.

2008년 미국의 경제지 《포춘》이 선정한 세계 1위 기업, 월마트의 창립자 샘 월튼은 자신의 성공 비결을 한마디로 이야기합니다. "내 사업의 목표는 돈이 아니라 첫째 하나님 앞에 영광을 돌리고, 둘째 사람들에게 봉사하는 것입니다." 그리고 그는 자신이 세운 '월튼 패밀리 재단' 을 통해서 최근 5년 동안 13억 8,000만 달러를 기부하였습니다. 하나님의 영광을 위해서 하나님의 뜻을 따라 돈을 벌고, 하나님의 뜻을 따라 돈을 사용한 것입니다.

하나님의 뜻대로 선한 일에 돈을 사용하는 것은 마치 씨앗을 뿌리는 것과 같습니다. 씨앗 하나가 땅에 심기면 몇 백 배로 결실을 맺듯이, 하나님의 뜻대로 선한 일에 돈을 사용하면 하나님께서 몇 백 배로 되돌려 주십니다. 그래서 하늘의 부요 법칙을 따라 부자가 된 사람은 '돈을 얼마나 벌었느냐' 로 따지는 것이 아니라 '돈을 얼마나 썼느냐' 로 따지게 됩니다.

하늘의 부요 법칙을 따라 선한 부자가 되십시오. 그리고 하나님의 뜻을 따라 선한 일에 돈을 사용하십시오. 하늘의 부요 법칙은 돈뿐 아니라 인생을 풍요롭게 만드는 법칙입니다.

하나님의 일을 당신의 인생보다 더 귀중히 생각하면
성경에 약속된 모든 축복이 당신의 것이 된다.
– 프랑스 신학자, 오스카 쿨만

"회사나 국가나 개인이나 궁극적으로는 하나님의 섭리에 의해서 흥망성쇠가 좌우된다고 믿고 있습니다." 서희건설 이봉관 회장이 《국민일보》를 통해서 밝힌 신앙고백입니다.

1994년 설립된 서희건설은 건설 경기가 바닥이라고 말하던 시기에도, 2003년 매출 1,171억에서 2008년 7,190억 원으로 급격히 성장한 기업으로, 교회나 병원, 학교, 공공 기관 등의 100억 원대 규모의 공사에서 국내 최고를 자랑하고 있습니다.

서희건설이 이렇게 급성장한 것은 2001년 포항중앙교회 교육관 공사를 시작으로 교회 성전 건축에 본격적으로 뛰어든 후부터였습니다. 교회 공사는 이윤이 박한 데다가 까다롭기로 유명한 공사입니다. 아파트나 오피스텔은 1개 층만 만들면 나머지는 똑같이 시공하면 되지만, 교회는 건물 중간에 기둥이 없어야 할 뿐만 아니라 층별로 완전히 다른 설계를 해야 하고, 음향 시설과 심미적 면까지 고려해야 하기에 신경 쓸 점이 너무나 많습니다. 그래서 교회 건축을 하다 보면 손해가 나는 경우도 있습니다. 그러나 이 회장은 "교회와 선교를 위해 기업이 손해를 좀 보자"라고 말하며, 그냥 깨끗이 손해를 보라고 지시했습니다. 조금 손해를 보더라도 완공된 후에 성도들이 회사를 위해 기도해 준다면 그게 더 이익이라고 생각했습니다.

그의 이런 마음이 하늘을 움직여서, 교회 건축에 뛰어든 이후 건설 수주가 끊이지 않았습니다. 항간에는 교회, 병원, 학교 등의 틈새시장을 공략한 경영 전략이 성공 요인이라고 말하지만, 그는 자신의 사업 성공 비결은 하나님의 은혜와 축복 덕분이라고 고백합니다.

그는 이북에서 월남해 믿음으로 어린 3남매를 키워 낸 어머니의 신앙에 큰 영향을 받았습니다. 집안이 어려워 10살 때까지 학교 대신 교회에서 성경을 읽으며 한글을 배워야 했던 그는 인생의 어려운 고비를 만날 때마다 성경 말씀을 의지했습니다. "두려워 말라 내가 너와 함께 함이니라 놀라지 말라 나는 네 하나님이 됨이니라 내가 너를 굳세게 하리라 참으로 너를 도와주리라 참으로 나의 의로운 오른손으로 너를 붙들리라"이사야41:10라는 말씀을 항상 마음에 새기고 살아왔습니다.

그는 자신의 사업 성공은 단지 하나님의 큰 계획과 섭리의 일부분일 뿐이라고 겸손해 하며, 교회뿐 아니라 대학의 발전을 후원하고 가난한 청소년들에게 장학금을 주는 등 사회에도 도움의 손길을 펴는 데 힘쓰고 있습니다. 그것이 자신의 사명임을 잘 알기 때문입니다.

하나님의 재물을 맡은 부자 청지기가 되십시오. 그리고 하나님의 뜻대로 재물을 잘 사용하는 선한 청지기가 되십시오.

| 제 3 장 |

부자들의 앞줄에 서라

작은 부자의 세 번째 단계 … 부자의 선두 주자

작은 부자는 더 이상 앞으로 나아갈 수 없는가? 부자의 앞줄에 서 있는 큰 부자들, 그들은 어떻게 그 자리에 서게 되었는가? 이 3장에서는 큰 부자들의 성공 지혜를 찾아내어, 부자의 선두 주자로 나서길 원하는 작은 부자들에게 그 가능성의 길을 제시하고 있다.

작은 부자의 세 번째 단계 … 부자의 선두 주자 1

실패가 클수록 성공도 크다

인테리어 회사 실패, 식자재 납품업 실패, 용역 회사 실패, 건물 철거 회사 실패…. 연이은 7번의 창업과 7번 실패로 신용불량자가 되어 노숙자로 전락한 사람이 있었습니다. 그러나 그는 포기하지 않고 8번째 사업에 도전해 결국 성공을 이루었습니다. 이 칠전팔기 성공 신화의 주인공은 바로 골든 브릿지 이상준 회장입니다.

그는 말합니다. "부채에 시달리다 거지까지 되어 본 저에게 두려울 것은 없습니다." 실패를 겪어 본 그는 기업을 구조조정하는 일에 뛰어들어 진가를 발휘했고, 현재는 10개의 자회사를 거느린 기업의 총수가 되었습니다.

그는 이제 막 사업을 시작하면서 부자의 앞줄에 서기를 원하는 후배들에게 뼈아픈 교훈을 전해줍니다. "10년 동안 살아남는 기업은 1%도 안 됩니다. 나는 다를 것 같지만 모두 다 그런 생각으로 시작해 망합니다. 당장 망하더라도 견뎌 내고 다시 일어설 자신이 없다면 아예 시작을 하지 마십시오."

스위스의 유명한 정신 의학자 엘리자베스 퀴블러 로스는 실패에 대처하는 방법은 아이러니하게도 철저히 절망하는 것이라고 말합니다. "절망 속에서 속히 빠져 나오려고 하지 마라. 절망하려면 100% 절망하라. 철저하게 절망하면 앞이 보인다. 완전히 절망하라. 그러면 새로운 세계가 보일 것이다."

사람이 물에 빠졌을 때 물 속에 빠지지 않으려고 힘주어 발버둥을 치면 오히려 물 속으로 더 깊이 빠져듭니다. 그러나 물에 빠져들도록 그냥 내버려 두면 더 빨리 밑바닥까지 내려가게 되어 결국 발로 바닥을 차고 물위로 다시 올라올 수 있게 됩니다. 어설픈 실패로 인생을 절망과 한탄 속에서 보내기 보다 차라리 큰 실패를 겪고 절망의 바닥을 치는 것이 낫습니다.

절망의 바닥에서 더 이상 잃을 것이 없게 되면, 부끄러움이나 체면 따위는 버리게 되고 이를 악물고 다시 일어설 진짜 용기를 얻을 수 있기 때문입니다.

『한국의 부자들』이라는 책에서 한국의 성공한 부자 100명에게 "당신은 실패해 본 적이 있습니까?"라고 질문했습니다. 그 결과 81명이 "예, 실패해 본 적이 있습니다"라고 답했습니다. 특히 17명은 전 재산을 잃을 정도로 큰 실패를 경험했다고 합니다.

실패 없는 인생을 바라겠지만 큰 성공을 꿈꾸고, 큰 부자를 그리며, 부자의 선두에 서기를 바라는 사람의 인생에는 실패가 없을 수 없습니다. 큰 성공, 큰 부자는 과감한 도전 없이는 불가능하기 때문입니다. 도전이란 필연적으로 실패의 위험을 가지고 있기 마련입니다. 실패가 두려워 도전하기를 망설인다면 큰 성공, 큰 부자의 꿈은 접어야 합니다. 큰 성공, 큰 부자의 꿈을 이룬 사람들은 실패의 위험을 감수하고 모험이라는 대가를 치룬 사람들입니다.

『부자 아빠 가난한 아빠』의 저자 로버트 기요사키는 이렇게 말합니다. "실패는 성공으로 가는 과정의 일부이다." 실패를 받아들이십시오. 실패는 절망의 낭떠러지가 아니라 성공으로 가는 길에 놓인 장애물일 뿐입니다. 길을 걷다 보면 장애물에 걸려 넘어질 때도 있지만 다시 일어서서 먼지를 툭툭 털어내고 제 갈 길을 간다면 그리 큰 문제가 될 수 없습니다. 오히려 한번 쓰러져 본 사람은 더욱 정신을 바짝 차리게 마련입니다. 그래서 실패를 경험할 때마다 성공을 향한 정신력과 집중력이 강해지고, 실패를 통해서 돈을 주고 살 수 없는 귀한 경험과 지식을 얻게 됩니다. '실패는 성공의 어머니' 라는 말은 그래서 생긴 것입니다.

그리고 실패에 부딪히게 될 때 절대로 물러서거나 포기해서는 안 됩니다. 불도저 근성이 필요합니다. 한 남자가 자신이 좋아하는 청량음료 사업에 뛰어들어 쓰리업(3Up)이라는 제품을 출시했지만 실패하고 말았습니다. 그는 곧 포업(4Up)이라는 제품으로 사업을 다시 시작했으나 여전히 실패했습니다. 그는 절망하지 않고 파이브업(5Up)이라는 이름으로 제품을 만들어 열심히 노력했습니다. 하지만 안타깝게도 또다시 실패하고 말았습니다. 사람들은 이제 그가 사업을 접을 것이라고 예상했습니다. 그러나 얼마 뒤 그는 식스업(6Up)이라는 제품으로 다시 한 번 도전했습니다. 하지만 그것마저 실패하자 그는 완전히 포기했습니다. 몇 년이 지난 뒤 다른 사람이 청량음료를 개발해 세븐업(7Up)이라는 이름을 붙여 출시했고, 그 제품은 큰 성공을 거두었습니다.

가난한 목수의 아들로 태어나 세계적인 호텔 사업가로 성공한 콘래드 힐튼은 말합니다. "성공적인 사람은 앞으로 나아가다 실패를 한다 할지라도 절대로 물러서지 않는 사람이다." 한 번, 두 번 아니 일곱 번 실패했다 하더라도 포기하지 않고 다시 일어나는 사람이 성공하는 사람입니다.

홈쇼핑의 꽃이라 불리는 쇼핑 호스트. 요즘은 억대 연봉을 받는 스타급 쇼핑 호스트가 많아졌지만 몇 년 전만 해도 이것은 생각지도 못했던 일입니다. 국내 최초로 억대 연봉 쇼핑 호스트의 길을 열어 놓은 사람이 바로 유난희 씨입니다. 주로 고급 수입 명품의 판매를 담당한 그녀는 화려한 겉모습과 달리

혹독한 시련의 시간을 겪어 왔습니다. 아나운서 시험에 22번이나 낙방했고, 그러는 동안 간간이 아르바이트를 하는 백수생활을 해야 했습니다. 그러나 그녀는 절대로 포기하지 않았습니다. 아나운서가 안 되자, 성우와 MC 시험에 도전했고, 결국 홈쇼핑 텔레비전에서 상품을 소개하는 전문 진행자, 쇼핑호스트에 합격하게 되었습니다.

수없는 도전 끝에 어렵게 방송 일을 하게 된 그녀는 남다른 프로 근성으로 매 순간 최선을 다했습니다. 새벽 생방송까지 열정으로 임했고, 자기 위치에 안주하지 않고 끊임없이 능력을 계발했습니다. 그 피나는 노력의 결과가 억대 연봉의 쇼핑호스트를 만들어낸 것입니다. 그녀는 자신의 성공 비결을 '실패를 두려워하지 않는 도전' 이라고 한마디로 정의합니다.

"골이 깊으면 산이 높다"는 말처럼 큰 성공을 이룬 사람들은 대부분 남보다 더 깊은 실패의 골짜기를 지난 경험을 가지고 있습니다. 그러나 그들은 이 골짜기에서 절망하고 포기한 것이 아니라 힘들고 어렵지만 다시 산에 올라갈 용기를 낸 사람들입니다. 그 무모해 보이는 도전으로 성공을 이룬 것입니다.

이처럼 부자의 선두 주자들은 실패를 가져올 만한 위기를 오히려 기회로 여깁니다. 위기는 반드시 변화를 가져오고 그 변화 속에 사업의 기회, 더 큰 성공의 기회가 숨겨져 있다는 것을 알기 때문입니다.

기업도 마찬가지입니다. 불황의 파도에 부서져 버리는 기업이 있는가 하면, 그 파도를 타고 평소에는 갈 수 없던 먼 곳까지 나아가는 기업도 있습니다. 불황의 파도를 성장의 기회로 삼으면 오히려 더 큰 기업이 될 수 있습니다. 1970년대 불어닥친 오일쇼크의 위기는 수많은 기업을 무너뜨렸지만, 반대로 우리 건설 기업들이 중동 시장으로 진출하는 기회가 되었습니다. 현대건설이 세계적인 기업으로 성장할 수 있었던 것도, SK가 에너지 기업으로 설 수 있었던 것도 바로 이때였습니다. 1998년 외환 위기 역시 성장의 기회가 되었습니다. 삼성전자는 이를 통해 위기의식을 배워 세계 최강으로 도약할 수 있었고, 이마트는 당시 싼값에 좋은 부지를 많이 확보해 업계 최고의 자리를 굳힐 수 있었습니다. 재계 20위 재벌 총수인 STX 그룹 강덕수 회장도 쌍용중공업 임직원 시절, 생사가 불투명해진 회사를 인수하여 국내 5대 중공업 그룹으로 키워냈습니다.

그래서 일부 경제 전문가들은 이번 글로벌 금융 위기가 미국 경제력의 위축과 중국 경제의 부상이라는 변화를 가져오게 되고, 위기에 강한 대한민국이 세계 경제의 중심으로 자리매김할 기회가 될 수 있다고 진단하고 있습니다.

실패는 성공의 어머니입니다. 실패를 통해서 배울 때 더 큰 성공으로 나아갈 수 있습니다. 그러나 잊지 말아야 할 것이 있습니다. 실패로부터 배우되, 다시 똑같은 실패를 반복하지 말아야 한다는 것입니다.

실패를 두 배로 높이면 더 빨리 성공한다.
성공은 바로 실패 건너편에 존재하기 때문이다.
– 미국 IBM 설립자, 토머스 왓슨

작은 부자 이야기 15

휠라 코리아 윤윤수 회장은 18억의 최고 연봉을 받는 스타 CEO로 유명합니다. 그러나 그의 화려한 성공 뒤에도 어두운 실패와 역경이 있었습니다. "내가 살아온 이야기는 절반 이상이 실패담입니다." 경제지 《Economist》와의 인터뷰에서 그가 밝힌 내용입니다.

그는 어린 시절 의대를 지망했지만 재수, 삼수 모두 실패하고 후기로 한국외국어대학교 정치외교학과에 겨우 진학할 수 있었습니다. 대학 졸업 후 무역업에 뛰어들겠다는 포부를 안고 30여 곳의 무역 회사에 이력서를 넣었지만 번번이 퇴짜를 맞고, 32세에 간신히 잡은 직장이 미국의 유통 업체 'JC페니'였습니다. 그는 물불 안 가리고 열심히 일했습니다. 덕분에 그는 전자레인지 6,000만 달러 수출의 성과를 이뤄 냈습니다. 그러나 잠시뿐 곧 이리저리 회사를 옮겼고, 개인 사업도 해 보았지만 실패의 연속이었습니다.

그는 계속되는 실패에도 절대로 포기하지 않았습니다. 신발 라이선스 업무에 관여하면서 휠라와 인연을 맺게 된 그는 1992년 휠라 코리아를 설립했습니다. 그간의 실패를 통해 탄탄한 경영 노하우를 터득한지라, 그는 10년간 연 80%의 매출 성장을 이루는 신기록을 세우게 되었습니다. 이는 세계적으로 주목받는 모범 사례였습니다. 그리고 2002년 6월에는 휠라 USA와 함께 이탈리아의 휠라 본사를 공동 인수하면서, 그는 월급을 받는 CEO가 아니라 세계적인 다국적 기업의 실제 주인이 되었습니다.

그는 말합니다. "돌이켜 보면 내 인생은 마치 자전거를 타고 긴 경주에 나선 것과 비슷합니다. 넘어지지 않으려고 몸부림쳤고 넘어지면 곧 다시 일어나 페달을 밟았습니다. 그래서 지금의 내가 있다고 생각을 합니다."

실패를 두려워하지 말고 도전하십시오. 실패가 크면 성공도 큽니다.

작은 부자의 세 번째 단계 … 부자의 선두 주자 2

창의력이 미래의 경쟁력이다

"이제 60kg의 몸보다 4kg의 머리로 일하는 시대가 되었다."

미국의 경영학 대가 피터 드러커의 말입니다. 모든 생산 시스템이 자동화, 기계화된 요즘은 육체적인 힘이 아니라 머리 즉 지식과 창의적 사고의 능력에 따라 성공과 실패가 판가름나는 시대가 되었습니다.

미래학자 앨빈 토플러도 현 시기는 제2의 물결인 '산업사회' 를 넘어서 제3의 물결인 '지식 기반의 신경제사회' 로 바뀌고 있는 전환기라고 지적합니다. 이제는 공장에서 생산되는 제품보다 '생각하는 것', '아는 것', '경험하는 것', '서비스하는 것' 을 기반으로 부가 만들어진다는 것입니다. 그는 재무,

디자인, 기획, 리서치, 마케팅, 광고, 유통, 경영, 서비스처럼 지식과 창의력을 기반으로 하는 일들이 좋은 제품을 만들어 내는 것보다 더 많은 수익을 만들어 낼 것이라고 설명합니다. 한마디로 현대사회에서는 문제를 해결하는 지적 능력, 남과 다른 독창성, 새로운 것을 만들어내는 창의성이 있어야 돈을 벌 수 있다는 것입니다.

10억 달러(약 1조 원)를 넘는 재산으로, 경제지 《포브스》가 선정한 세계 억만장자 리스트에 이름을 올리게 된 조앤 롤링. 10년 전만 해도 그녀는 두 살짜리 어린 딸을 키워야 하는 가난한 이혼녀로, 영국 정부의 생활 보조금으로 겨우 생계를 유지하고 있었습니다. 그녀는 먹고살기 위해서 취미 생활로 즐기던 글쓰기를 전업으로 바꾸었고, 1년의 노고 끝에 해리포터 시리즈의 첫 작품 『해리포터와 마법사의 돌』을 완성했습니다. 그러나 방대한 분량의 아동 소설책을 내겠다는 출판사는 선뜻 나타나지 않았습니다. 우여곡절 끝에 1,500파운드(약 270만 원)의 선금을 받고 블룸스베리 출판사에 영국 판권을 팔았습니다. 결과는 대박이었습니다. 해리포터 시리즈만의 독창성이

독자들을 매료시킨 것입니다. 그 후 세계 각국의 출판사들이 출판을 하겠다고 나섰고 영국 판권의 가격과는 비교도 안 되는 10만 5,000달러(약 1억 원)의 선금을 받고 스콜라스틱 출판사에 미국 판권을 넘겼습니다. 마지막 7편까지 기록적인 판매율을 올린 해리포터 시리즈는 지금까지 약 3억 7,000만 권이 팔린 것으로 추정됩니다. 그녀가 2008년 한 해 동안 이 책으로 벌어들인 돈은 약 3억 3,000만 달러에 이릅니다. 매일 100만 달러, 약 10억 원씩 벌어들인 셈입니다. 그녀는 이 한 시리즈로 억만장자가 되었습니다.

창의력이 만들어 내는 부는 상상을 초월합니다. 일본의 닌텐도는 게임기 하나로 연 매출액 1조 8,200억 엔(약 28조 원)을 올렸습니다. 비단 이런 콘텐츠와 관련된 분야뿐만 아니라 어느 분야의 사업이라도 창의력이 결합되면 경쟁력을 가질 수 있습니다.

창의력의 가치를 깨달은 영국은 자국의 경제 위기를 '창조산업'으로 돌파한다는 전략까지 세웠습니다. 건설업, 제조업, 미디어 등 각 분야에 창조성을 접목시켜서 차별된 경쟁력을 만들겠다는 것입니다. 그 예로 세계적인 히트 상품인 미국 애플사의 MP3 플레이어 '아이팟'의 성공을 들 수 있습니다. 아이팟의 성공 뒤에는 창조적인 디자인으로 제품을 옷 입힌 영국인 조나단 아이브의 아이디어가 있었던 것입니다.

창의력의 가치는 1차 산업인 농업에까지 이어집니다. 최근 톡톡 튀는 창조적 아이디어 하나로 부자 농부의 꿈을 이룬 사람이 있습니다. 전북 김제의 나준순 씨입니다. 젊은 시절 외항선원으로 일하던 그는 고향으로 돌아와 쌀농사를 짓기 시작했지만 뼈 빠지게 일해도 남는 건 빚뿐이었습니다. 게다가 곧 외국산 쌀의 수입이 개방된다고 하니 더 이상 앞이 보이지 않는 것 같았습니다. 그러나 그는 '농사도 돈이 될 수 있다'는 희망을 갖고, 다른 쌀과는 차별된 경쟁력을 갖춘 쌀을 생산해 내려고 고민했습니다. '어떻게 하면 1년 동안 햅쌀 같은 쌀을 먹을 수 있을까?'를 고민하던 그에게 외항선을 타던 시절이 떠올랐습니다. 외항선에서는 쌀을 냉장창고에 보관해서 벌레가 생기지 않았고 햅쌀처럼 밥맛도 좋았습니다. 여기서 힌트를 얻은 그는 벼를 5℃로 보관했다가 도정한 뒤에 이온수로 씻은 '5℃

이온쌀' 이라는 상품을 만들어냈습니다. 이 쌀은 경기도 이천 쌀보다 시중 가격이 20% 이상 비쌌지만 날개 돋친 듯 팔려 나갔습니다. 그는 불과 6년 만에 연 매출 250억 원을 올리는 벤처 농업인이 되었습니다. 작은 아이디어 하나가 이런 결과를 가져온 것입니다.

미래의 경쟁력은 다름 아닌 창의력에 달려있습니다. 그저 작은 부자에 머물지 않고 부자의 선두 주자가 되고자 한다면 창의력을 갖추어야 합니다. 창의력은 기존의 고정관념을 버리는 데서 시작됩니다. 대부분의 사람들이 생각하는 방식이 아니라 그 생각을 뒤집는 역발상의 지혜가 필요합니다. 시대의 흐름을 정확히 읽은 뒤 이런 역발상의 새로운 아이디어를 계발해 낼 수 있어야 합니다. 그래서 큰 부자가 되려면 생각할 여유를 가져야 합니다. 남들의 생각을 따라가지 말고, 남과 다른 자신의 생각을 가질 시간이 필요합니다.

세계 최고의 부자, 빌 게이츠의 창의적인 사업 아이디어는 '생각 주간(Think Week)' 에서 나옵니다. 그는 매년 일 년에

두 번씩 모든 회사 업무에서 손을 떼고, 미래의 사업 방향에 대해 생각할 시간을 갖는다고 합니다. 이때면 그는 휴가를 내서 시애틀 시내에서 차로 1시간 30분 정도 거리에 있는 휴양지, 후드 커낼의 별장에 가서 혼자만의 시간을 갖습니다. 이 기간 동안 그는 일절 외부 사람과의 접촉을 끊은 채 독서와 사색으로 시간을 보냅니다. 하루 두 번 간단한 식사가 배달되는 것 외에는 고위 임원이나 가족들조차도 그를 방해할 수 없습니다. 이 기간 동안 그는 컴퓨터 공학의 가장 최신 동향을 점검할 수 있는 박사 학위 논문들과 마이크로소프트 기술자나 생산 부분 매니저들이 작성한 아이디어 보고서를 자세히 읽는다고 합니다. 그는 1995년, 이 생각 주간 이후에 '홍수 물결 인터넷' 이라는 보고서를 만들게 했고, 마이크로소프트의 독자적인 인터넷브라우저 익스플로러를 개발하여 인터넷 시대를 열었습니다. 또 비디오게임 산업에 발을 디디게 된 것도 이 생각 주간의 결과였다고 합니다.

그는 말합니다. "사람들은 향후 2년 안에 일어날 변화를 과대평가하는 반면에, 향후 10년 안에 일어날 변화에 대해서는 과소평가하는 경향이 있다." 1년 후의 일은 호들갑을 떨며 준비하지만 정작 10년 후에 대한 대비책은 없다는 것입니다. 그가 생각 주간을 갖는 것은 바로 10년 앞을 내다보면서 경쟁의 선두를 지키고자 하는 노력입니다. 아직 아무도 생각해 내지 않은 새로운 미래를 꿈꾸며 창의적인 아이디어를 찾아내는 것이 바로 그가 최고의 부자가 된 비결이었습니다.

무한 경쟁 시대에 부자들의 선두 주자로 나서려면 남보다 앞선 생각, 창의력이 필수입니다. 현실이 암울하고 어려울수록 더 나은 미래를 꿈꾸어야 하고, 문제를 해결할 창조적인 아이디어를 찾아야 합니다. "하늘이 무너져도 솟아날 구멍이 있다"라고 늘 문제 안에는 해답이 내포되어 있는 법입니다. 그리고 해답을 찾아내는 것이 바로 창의적 생각입니다.

자신의 자리에 안주하지 말고 더 나은 미래를 생각하고 꿈꾸십시오. 창의력은 미래를 이끄는 힘이며 경쟁력입니다.

미래는 예측하는 것이 아니라 창조하는 것이다.
– 삼성전자 부회장, 윤종용

작은 부자 이야기 16

무인 경비 전문 업체 ㈜시티캅 정현돈 대표이사는 자신의 성공 비결은 성경 속에서 얻은 창조적 아이디어 덕분이라고 말합니다.

1998년 외환 위기로 다니던 회사가 문 닫을 위기에 처하게 되자, 그는 실업자로 전락할 처지에 놓이게 되었습니다. 답답한 마음에 그는 기도를 시작했습니다. 회사를 살려 주시든지, 아니면 새로운 회사를 달라고 울부짖었습니다. 그가 눈물로 기도를 마치고 성경을 펼쳐 들었을 때, 성경의 한 구절이 눈에 들어왔습니다.

"내가 주께 대하여 귀로 듣기만 하였삽더니 이제는 눈으로 주를 뵈옵나이다"욥기42:5.

'바로 이거다.' 경비 업체에서 일하던 그의 머리에 번쩍거리는 사업 아이디어가 스쳤습니다. '예전에는 귀로 듣기만 했지만, 이제는 눈으로 볼 수 있는 보안 시스템을 개발하자.' 그때까지 보안 시스템은 대부분 청각에 의존하는 시스템으로, 큰 소리를 울려서 비상사태를 알리는 알람 경보 수준에 불과했습니다. 그러나 이 성경 말씀처럼 직접 눈으로 현장을 보여주는 보안 시스템을 개발하면 대박이 날 것 같다는 생각이 들었습니다.

그는 이 아이디어로 사업을 시작했습니다. CCTV 등을 통해서 사람이 없어도 현장을 직접 보며 감시할 수 있는 무인 경비 전문 업체였습니다. 그의 예상은 적중했습니다. 더욱이 유치원생 납치 사건, 연쇄살인 사건 등 사회적 이슈가 될 만한 사건이 터졌을 때마다 CCTV의 공로로 범인을 잡는 바람에 그의 사업은 날개를 단 듯이 연 매출 40% 이상씩 성장하였습니다. 2006년에는 국내 최초로 기계 경비 시스템과 초고속망을 이용한 원격 감시 시스템의 연동으로 24시간 365일 눈으로 보면서 경비하는 리얼뷰 서비스까지 선보이며 지금까지 탄탄한 기업으로 발전하고 있습니다.

그는 자신의 창의력의 비결은 성경이라고 자신 있게 밝힙니다.

"성경에는 경영의 지혜, 행복한 삶의 지혜가 모두 들어있습니다. 우리는 매일 그것을 발견하는 삶을 사는 것입니다."

새로운 아이디어를 찾지 못해 답답한 마음이 든다면 성경을 읽어 보십시오. 사람의 창의력을 넘어서는 하늘의 창의력을 발견하게 될 것입니다.

작은 부자의 세 번째 단계 … 부자의 선두 주자 3

목표를 이루기 전에 긴장을 풀지 말라

삼성 그룹 창립자 고 이병철 회장의 자택 거실에는 항상 목계(木鷄, 나무로 만든 닭)를 걸어 놓았다고 합니다. 목계는 『장자』의 달성편에 나오는 이야기입니다.

옛날 주나라 임금 선왕은 닭싸움 구경하는 것을 좋아했습니다. 한번은 싸움닭으로 쓸 만한 닭 한 마리를 당대 최고 조련사인 기성자에게 맡기고 최고의 싸움닭으로 만들라고 명령했습니다. 10일이 지난 후 왕은 기성자를 찾아가 "닭이 싸우기 충분한가?"라고 물었습니다. 그러자 "아닙니다. 닭이 강하고 교만하여 아직 자신이 최고인 줄 알고 있습니다. 교만을 떨치지 않는 한 싸움닭으로 적합하지 않습니다"라고 답했습니다.

다시 10일 후 왕이 물었습니다. “이제는 닭이 싸우기 충분한가?” 그러자 “아닙니다. 상대편의 울음소리나 그림자만 보아도 당장 덤벼들 것처럼 합니다”라고 대답했습니다. 왕은 10일 후 다시 물었습니다. “닭이 싸우기 충분한가?” “아닙니다. 상대편을 노려보는 눈초리가 성난 듯 너무 공격적입니다.” 왕은 다시 10일 후 물었습니다. 그러자 “예, 대충된 것 같습니다. 이제는 싸울 상대편이 아무리 소리를 질러도 아무런 내색을 하지 않습니다. 멀리서 보면 나무로 만든 닭 같습니다. 마음의 평정을 찾았으니 싸움닭으로서 덕을 갖춘 것입니다. 이제 어느 닭도 감히 대적을 못하고 도망칠 것입니다.”

고 이병철 회장은 이 목계를 바라보면서 늘 자신의 마음이 흐트러지는 것을 경계했습니다. 사업이 좀 잘 풀려도 허세를 부리거나 교만하지 않고, 사업이 좀 어려워 난관에 부딪쳐도 허둥대거나 겁내지 않도록 평상심을 유지하기 위해서입니다. 이것이 바로 최고 부자의 덕목이라고 여겼던 것입니다.

작은 성공을 이루어 어느 정도 부자가 되었다고 생각했을 때 사람들이 빠지기 쉬운 몇 가지 함정이 있습니다. 첫째는 허세와 자만이고, 둘째는 나태와 타락입니다. 그래서 어떤 성공이나 부를 거두어도 흔들리지 않고 자신을 지킬 수 있는 평상심이 필요합니다.

만약 허세와 자만에 빠지게 되면 돈 좀 벌었다고, 권세가 좀 있다고 자신을 뽐내며 남을 우습게 여기기 쉽습니다. 그러면 자신이 이룬 돈이나 성공보다 더 귀한 사람을 잃기 마련입니다. 교만과 허세에 빠진 사람에게는 가족도, 사랑하는 사람도, 친구도 떠나 버립니다. 사람을 잃으면 자연히 돈도 성공도 잃게 됩니다.

또 자만심에 빠지면 자신의 능력을 과신하고 독선과 독단에 빠지기 쉽습니다. 자신의 성공에 안주해서 자기 방식만 고집하고, 시장의 변화나 다른 사람의 의견은 무시하게 됩니다. 실제로 삼성경제연구소가 CEO 305명을 대상으로 조사한 결과에 의하면, 89.5%의 CEO가 '과거의 성공 방식이 기업의 성장을 방해할 수 있다' 고 생각하고 있었습니다. 과거의 성공 방식으로 인해 사업의 실패나 퇴보를 경험한 적이 있는 CEO도

54.4%에 달했습니다. 시장의 요구는 끊임없이 변하는 데, 성공에 도취된 기업이나 CEO는 현실에 안주해 버리는 것이 문제였습니다. 그래서 대부분의 CEO들은 '경영을 하면서 가장 경계해야 하는 마음은 무엇이냐' 는 질문에, '자만심' 을 꼽았습니다. 자만심은 실패로 가는 지름길입니다.

2002년 미국 솔트레이크에서 동계 올림픽 여자 피겨스케이팅 결승전이 열렸습니다. 이 대회 강력한 우승 후보는 그 해 세계 챔피언을 차지한 미셸 콴이었습니다. 그런데 그녀는 오랜 코치와 헤어지고 아버지와 함께 경기에 출전했습니다. 경기에 앞서 TV인터뷰를 가진 그녀는 아버지도 코치는 아니라고 말했습니다. 그녀는 자신의 우승은 코치의 전략이나 기술 때문이 아니라 순전히 자신의 능력 때문이라는 것을 증명해 보이고 싶어 했습니다. 그러나 그날 밤 그녀는 인생의 가장 중요한 경기에 넘어져, 올림픽 금메달을 놓치고 말았습니다. 대신 코치의 말에 귀를 기울이며 경기를 펼치던 16세의 어린 미국 선수가 여성 선수로는 처음으로 공중 4회전 점프에 성공해 금메달을 차지하였습니다. 교만은 패망의 선봉입니다.

그런가 하면 어느 정도 성공을 이루면 '이제 다 되었다' 고 마음에 긴장을 풀어 버리기 쉽습니다. 더 높은 목표를 세우고 더 큰 성공을 향해 뛰기보다는 나태해져서 현실에 안주해 버리는 것입니다. 그러나 세상은 엄청나게 빠른 속도로 변해가기 때문에 조금만 나태하게 안주해도 경쟁자들에게 뒤처지고 맙니다.

부시 대통령 재임 당시 미국의 국무부 장관으로 세계적인 영향력을 행사하던 콘돌리자 라이스. 그녀는 자신의 성공 비결에 대해 절대로 긴장을 풀지 않는 것이라고 말합니다. "나는 한순간도 방심하거나 잊어본 적이 없었습니다. 내 존재의 가치를 어떻게 하면 더 높이고 드러낼 수 있을 것인지를 항상 고민하고 언제나 간절하게 바랐습니다." 편안하게 안주하는 삶을 가장 싫어한다는 그녀는 절대로 긴장을 풀지 않고, 어떤 문제든지 절박하게 인식하고 항상 최선을 다한다고 합니다. 이런 자세가 그녀를 최초의 흑인 여성 국무장관으로 만든 것입니다.

또 개중에는 인생을 즐기겠다는 마음에 종종 술이나 마약, 섹스, 도박, 방탕에 빠져 힘겹게 쌓아 올린 성공과 부를 무너뜨리는 사람도 있습니다.

컴퓨터 파일을 압축하는 프로그램인 집(zip)을 개발한 이는 컴퓨터 천재 필립 카츠입니다. 어릴 적부터 수학에 천부적인 재능을 보였던 그는 23세에 파일을 압축하여 저장이나 전송을 간편하게 할 수 있는 집 기술을 개발했고, 이 기술을 인터넷에 올리고 'PK웨어' 라는 회사를 세워 백만장자가 되었습니다.

그러나 졸지에 벼락부자가 된 이후 그는 변해 갔습니다. 가족과 인연을 끊은 채 술과 여자에 빠져 스트립쇼 클럽을 전전하는 방탕한 생활을 시작했습니다. 결국 그는 그 많은 재산을 다 탕진하고, 미국 중서부 위스콘신 주 밀워키의 한 호텔 방에서 빈 위스키 병을 손에 쥔 채 시체로 발견되었습니다. 사인은 알코올 중독이었고, 그의 나이 겨우 37세였습니다.

작은 성공, 작은 부에 안주해 긴장을 풀어 버리면 헤어나기 어려운 인생의 함정에 빠지게 됩니다. 현실에 안주하지 말고 더 큰 부자가 되겠다는 목표를 세워야 하고 그 목표에 도달하기 전에는 절대로 긴장을 풀어서는 안 됩니다. 어쩌면 인생의 경주가 모두 끝나기 전에는 긴장을 풀 수 없을지도 모릅니다.

부자의 앞줄에 서는 선두 주자가 되고 싶다면 절대로 긴장을 풀지 마십시오. 가난에서 탈출해서 작은 부자가 되겠다고 결심하던 그 초심을 잊지 마십시오. 정말 큰 성공을 이룬 큰 부자들은 겸손하고 남을 존중하며, 목계처럼 긴장을 풀지 않고 평상심을 지킵니다. 그래서 감히 어느 누구도 그를 우습게 보거나 함부로 할 수 없습니다. 자연스럽게 권위가 생겨나며 존경을 받게 됩니다.

세계 2위의 갑부, 워렌 버핏 회장을 보십시오. 그는 10년이 넘은 차를 직접 몰고 회사에 출근할 정도로 검소한 생활을 합니다. 그가 살고 있는 집도 여느 중산층의 집과 차이가 없는 소박한 집입니다. 그러면서도 엄청난 재산을 사회에 기부하여 노블레스 오블리주(가진 자의 도덕적 의무)를 실천합니다. 또한 정년이 넘은 나이지만 아직도 현역에 남아 열성적으로 일하며 긴장을 풀지 않고 있습니다. 그런 그를 미국 사람들은 존경하며, '오마하의 현인' 이라고 칭송합니다.

단지 돈이 많아 부자의 앞줄에 서는 것이 아니라 진정으로 최고의 부자, 부자의 선두라고 불릴 만한 존경받는 부자가 되고 싶다면 절대로 긴장을 풀지 마십시오. 항상 겸손하고 현실에 안주하지 마십시오. 날마다 더 높은 곳을 향해 발전을 도모하십시오.

작은 성공에 도취돼 전진을 멈추는 것은
더 큰 성공을 포기하는 어리석음을 범하는 것이다.
과거 성공의 덫에 갇혀서는 안 된다.
– 삼성석유화학 사장, 허태학

작은 부자 이야기 17

30세, 세상에 두려울 것 없는 젊은 청년이 사업을 시작했습니다. '세계 금연의 해'에서 힌트를 얻어 금연파이프 사업에 뛰어든 그는 6개월 만에 6천만 원의 이익을 남겼습니다. 첫 사업치고는 큰 성공이었습니다.

그는 첫 사업 성공의 자신감으로 1984년 '천호물산'을 설립하고 건강식품 사업을 시작했습니다. 그의 주된 제품은 달팽이 엑기스였습니다. 처음으로 신문에 2단 광고를 내자마자 700여 통의 문의 전화가 올 정도로 시장 반응이 좋았습니다. 그때부터 그는 그야말로 성공 가도를 달리기 시작했습니다. 그는 회사명을 ㈜천호식품으로 바꾸고 사업을 확장했습니다. 천호식품은 승승장구했고, 1994년에는 부산에서 현금을 가장 많이 보유한 100위 기업에 들기도 했습니다.

자신만만해진 그는 서울로 진출해 건설업, 찜질방, 황토방 체인 사업, 서바이벌 게임 등 자신이 잘 알지도 못하는 분야의 사업을 한꺼번에 벌이기 시작했습니다. 처음에는 그럭저럭 잘되는 것 같았습니다. 그러나 1997년 말 IMF

외환 위기가 터지면서 빚으로 벌여 놓은 사업이 줄줄이 파산하기 시작했습니다. 결국 3년 만에 그의 사업은 부산의 빚 많은 기업 100위 안에 들 만큼 추락하고 말았습니다. 공장과 집이 모두 압류되어 경매에 부쳐졌고, 방 한 칸 얻을 돈도 없었습니다. 그에게 남은 것은 20억 원의 빚뿐이었습니다. 자만심의 대가는 혹독했습니다.

그때 그의 아버지가 그에게 선물 하나를 건넸습니다. 오뚝이였습니다. 사업에 실패한 아들에게 오뚝이처럼 다시 일어서라는 격려의 의미로 준 선물이었습니다. 아버지의 격려로 힘을 얻은 그는 다시 오뚝이처럼 일어서기로 결심했습니다.

그는 망한 공장을 뒤져 팔 만한 물건을 찾아보았습니다. 다행히 쑥 진액 상품이 남아 있었습니다. 그는 아내에게 선물로 받은 반지를 전당포에 맡기고 130만 원을 빌려서 서울로 올라왔습니다. 그리고 가방 가득히 담아온 쑥 진액 상품을 팔기 시작했습니다. 18만 원짜리를 5만 원에 판매했습니다. 지하철역, 식당, 골목길, 전봇대, 승용차 할 것 없이 하루 종일 돌아다니며 전단을 돌렸습니다.

그런데 기적이 일어났습니다. 1998년 1월에 1,100만 원,

6월에는 2억 원의 매출을 올리며 1년 10개월 만에 20억 원의 빚을 모두 갚았고, 이듬해 사슴 진액을 팔면서 100억 원의 연 매출을 올린 것입니다. 이 성공 신화의 주인공이 바로 ㈜천호식품 김영식 대표입니다. 그는 이제 120여 종의 건강식품을 생산하며 연 매출 600억 원을 올리는 중견 기업의 회장이 되었습니다.

작은 성공에 도취되어 자만심에 빠지지 마십시오. 인생은 길고, 이루어야 할 목표는 더 높습니다.

작은 부자의 세 번째 단계 … 부자의 선두 주자 4

돈으로 행복을 사라!

강남구 삼성동의 고급 주택가에서 한 노인이 냉골에 방치되어 숨지는 사건이 일어났습니다. 부모를 버려두고 여행을 떠나 버린 아들 때문에 보일러가 동파된 추운 방에서 떨던 아버지가 동상과 패혈증에 걸려 사망한 것입니다. 다행히 보일러의 상태를 살피러 온 경비원에게 발견되어 어머니는 목숨을 건졌지만 그 충격은 말로 다할 수 없었습니다.

부모를 방치한 아들은 기업체를 운영하는 재산가였지만, 평소 재산 분배 문제로 부모와의 불화가 잦았습니다. 그의 둘째 형이 가업을 물려받은 것이 화근이었습니다. 결국 그와 다른 형제들은 재산 문제로 법정 소송까지 벌였고, 둘째 형은 회사

지분을 잃은 채 쫓겨나야 했습니다. 비극은 부모를 모시던 둘째 형이 1주일간 그에게 부모를 부탁하면서 시작되었습니다. 감정의 골이 깊었던 그와 노부모의 싸움은 그치지 않았고, 결국 이런 비참한 일이 벌어지고만 것입니다.

사람들은 돈만 있으면 행복할 것이라고 생각합니다. 돈만 있으면 가정에 다툼도 없을 것 같고, 돈만 있으면 건강도 보장될 것 같고, 돈만 있으면 비싼 사교육을 받아 성공 가도를 달릴 것 같고, 돈만 있으면 주위에 좋은 사람들과 함께 여유롭고 행복한 인생을 살 것 같습니다. 그러나 결코 돈 자체가 그런 행복을 만들어 주지는 않습니다. 오히려 돈 때문에 불행한 사람들이 더 많습니다. 대다수의 부자들은 범죄의 위험 때문에 불안 속에 살아가고 있고, 불행한 결혼 생활 때문에 고통 받는 경우도 많습니다. 겉은 그럴싸해 보여도 속은 곪은 가족 관계를 유지하는 사람도 많고, 돈을 보고 다가오는 사람들 때문에 진정한 친구 하나 없는 불행한 인생을 사는 사람도 있습니다.

하버드 대학의 심리학 교수 대니얼 길버트는 『행복에 걸려 비틀거리다』라는 책에서 부와 행복의 관계에 대해 이렇게 말했습니다. "절망적인 가난에서 벗어나 중산층이 될 때까지는 부가 행복을 가져다주지만, 그 이후에는 행복한 삶에 아무런 도움이 되지 않는다. 한 해에 5만 달러를 버는 미국인은 1만 달러를 버는 미국인보다 행복하다. 그러나 한 해에 500만 달러를 버는 미국인이 느끼는 행복은 10만 달러를 버는 미국인이 느끼는 행복과 크게 다르지 않다." 그리고 일단 돈으로 굶주림과 질병에서 벗어나면 "남은 돈은 점점 더 쓸모없는 종잇조각이 된다"라고 했습니다.

돈이 가져다주는 행복은 한계가 있습니다. 절대적인 가난에서 벗어날 때까지는 돈 자체가 행복을 가져다줄 수 있지만, 그 이후에는 돈이 행복을 가져다줄 수 없습니다. 세계적인 부자, 워렌 버핏도 말합니다. "돈이 나의 건강 상태나 나를 사랑하는 사람의 수를 바꿔 주지는 않는다." 돈 때문에 건강해질 수 없고, 돈 때문에 사랑하는 사람이 생기지도 않는다는 말입니다. 돈이 전부인 것처럼 살면서 돈을 벌기 위해서 가정도

버리고, 사랑하는 사람도 버리고, 건강도 버린다면 그보다 더 어리석은 일이 없습니다. 그렇게 되면 돈이 가져다주는 것은 불행뿐입니다.

마이더스의 신화를 알지 않습니까? 무엇이든지 닿기만 하면 황금으로 변하는 손을 갖게 된 프리지아의 왕 마이더스. 그는 최고의 부자가 될 생각에 기뻐했으나 잠시뿐이었습니다. 그의 손이 닿으면 물이나 음식조차 금으로 변해 버려 아무 것도 먹을 수 없었습니다. 사랑하는 딸마저 금으로 변하게 되자, 모두들 그를 멀리하는 처참한 지경에 빠지고 맙니다. 이처럼 돈만 추구하는 삶은 불행합니다. 돈 자체는 결코 행복을 주지 않습니다.

그러나 돈 자체는 행복을 가져다줄 수 없어도, 돈을 어떻게 사용하느냐에 따라서 행복을 만들 수는 있습니다. 캐나다 브리티시컬럼비아 대학과 하버드 경영대학원 연구진이 과학 저널 《사이언스》에 발표한 논문에 의하면 '돈으로 행복해지는 방법'이 있다고 합니다. 연구진은 미국인 630명을 표본으로 추출하여 이들의 연간 수입과 월별 지출 내용에 따른 행복감을 조사했습니다. 그 결과 사람들은 '얼마나 많은 돈을 버느냐'에 따라 행복감을 느끼지 않고, '돈을 어떻게 쓰느냐'에 따라 행복감을 느꼈다고 합니다. 또 미국 보스턴에 있는 한 회사 직원을 대상으로 3,000~8,000달러의 성과 보너스를 받은 후 행복감을 조사한 결과에서도 보너스의 크기에 따라 행복감이 달라지지 않고, 그 돈을 어떻게 쓰느냐에 따라 행복감이 달라졌다고 합니다. 특히 이 연구 결과에 의하면 공통적으로 사람들이 행복감을 느낄 때는 자신이 아니라 남을 위해서 돈을 쓸 때였다고 합니다. 돈으로 가족이나 친구, 사랑하는 사람을 위해 선물을 구입할 때의 행복감 또는 어려운 이웃을 위해 기부금을 냈을 때의 행복감이 가장 컸다는 것입니다.

이 실험은 우리에게 한 가지 귀중한 진리를 알려줍니다. '돈으로 행복을 살 수 있다'는 것입니다. 한걸음 더 나아가 '돈으로 행복을 사야 한다'는 것을 깨닫게 해 줍니다. 돈을 잘 사용해서 행복을 만들어 가는 사람들의 이야기가 우리 주변에 많이 있습니다.

짠돌이 생활로 종잣돈 1억을 모으는 데 성공해서 아파트 4채를 보유한 알부자가 된 장영진 씨는 돈으로 행복을 산 자신의 이야기를 『누구나 월급만으로 1억 모은다』는 책에서 밝히고 있습니다.

그는 가난한 농촌의 6형제 가운데 막내로 태어났습니다. 아버지가 병환으로 일찍 돌아가시자, 형들은 농번기 때는 농사를 짓고, 농한기에는 대도시로 나가 돈을 벌곤 했습니다. 그의 어머니는 새벽부터 남의 논밭에서 일하며 아끼고 아껴서 자녀들을 교육시켰습니다. 그러나 가난한 형편은 나아지지 않았습니다. 남의 집을 전전하며, 영세민 학비 감면 신청서를 써야 했던 그에게 가난은 상처였고, 가난에서 탈출하는 것이 그의 인생 목표가 되었습니다. 그는 독한 마음을 먹고 낮에는 공장과 세차장에서 일을 하고 저녁에는 대학에서 공부를 해서 졸업한 후, 번듯한 중소기업에 취직했습니다. 그러나 월급쟁이의 주머니가 두둑할 리 없었습니다. 그는 이때부터 짠돌이가 되기로 결심했고, 월급의 70% 이상을 저축했습니다. 저축으로 1억을 모으자 부동산에 투자를 해 임대 사업을 시작한 그는 드디어 가난에서 탈출한 알부자가 되었습니다.

부자가 된 그가 가장 행복했던 순간은 1억을 모았을 때도 아니고 아파트를 구입했을 때도 아니었습니다. 바로 자식 된 도리를 할 수 있었을 때였습니다. 80세가 넘으신 어머니가 길에서 넘어져 골다공증으로 고관절 분쇄까지 된 적이 있었다고 합니다. 만약 그때 돈이 없었다면 입원은커녕 수술조차 못 해 드렸겠지만, 악착같이 돈을 모았던 그는 수술 비용과 6개월의 입원 비용을 다 충당할 수 있었습니다. 돈으로 모든 것을 보상할 수는 없겠지만 지난 세월 어머니의 고통과 눈물을 보상해 드리는 듯해서 그의 마음은 뿌듯하고 행복했다고 합니다. 그에게 돈은 효도할 수 있는 수단이었고, 행복을 만드는 요긴한 도구였던 것입니다.

돈은 잘 버는 것보다 잘 쓰는 것이 더 어렵다는 말이 있습니다. 돈을 제대로 사용하면 행복이 만들어지지만, 돈을 잘못 사용하면 불행이 만들어지기 때문입니다.

돈으로 행복을 사십시오. 돈으로 행복을 산다고 좋은 집이나 좋은 옷, 좋은 차를 사서 행복을 느끼려 한다면 한계가 있습니다. 1주일을 행복하려면 이발을 하고, 1개월을 행복하려면 새 차를 사고, 1년을 행복하려면 새 집을 사라는 말이 있듯이, 이런 만족은 아주 잠깐이면 끝이 납니다. 마치 바닷물은 마시면 마실수록 더 갈증이 심해지듯이, 자기를 위한 탐욕스러운 소비는 점점 더 공허해질 뿐 결코 만족이나 행복이 없습니다. 하지만 사랑하는 사람을 위해서, 가족을 위해서, 이웃을 위해서 돈을 사용한다면 그 만족은 비길 데가 없습니다.

돈이 많아서 행복한 것이 아니라 그 돈으로 할 수 있는 일이 많아서 행복하게 되는 것입니다. 돈은 행복을 만드는 데 사용하십시오. 돈으로 행복을 사십시오!

재물을 스스로 만들지 않으면 쓸 권리가 없듯,
행복도 스스로 만들지 않으면 누릴 권리가 없다.
– 아일랜드 극작가 · 소설가, 조지 버나드 쇼

작은 부자 이야기 18

"돈을 쓸 때는 지루하게 쓰는 방법과 행복하게 쓰는 방법이 있습니다. 파티와 여행 등 자신을 위해 쓰는 일은 금세 지루해집니다. 하지만 자신이 기부한 3만 원으로 한 어린이가 1년 동안 빵을 먹을 수 있게 될 때처럼 돈이 귀하게 쓰이는 걸 보면 돈을 번 것에 대한 보람과 행복을 함께 느끼게 됩니다."

한국의 빌 게이츠라 불리는 성공한 벤처기업가 SYK글로벌 대표 김윤종 회장의 인터뷰 기사입니다. 스티브 김이란 이름으로 더 유명한 김윤종 회장은 아메리칸 드림을 이룬 대표적인 인물입니다.

그는 서강대 전자공학과를 졸업한 후, 1976년 미국 유학길에 올라 낮에는 창고에서 짐 나르는 일을 하고 밤에는 학교에서 공부를 하면서 캘리포니아 주립대학에서 석사학위를 받았습니다.

졸업 후 통신시스템을 설계하는 방위산업체에서 근무한 그는 창업을 결심하고 1984년 집 근처의 차고를 빌려서

광역 통신망 장비 업체 파이버먹스를 시작했습니다. 그는 1년 반 만에 기술을 개발하여 미국 NASA에 납품할 정도로 인정을 받았고, 6년 만에 미국의 ADC사에 5,400만 달러를 받고 회사를 매각했습니다.

그리고 그는 다시 인터넷 네트워크 교환 장비 벤처기업인 자일랜을 창업하여 2년 연구 끝에 첫해 매출 2,800만 달러를 기록할 정도로 키워 냈습니다. 그리고 6년 만에 회사를 최고 기업으로 키워, 다시 프랑스의 알카텔에 20억 달러를 받고 매각했습니다. 1만 달러로 사업을 시작해 20억 달러를 만든 성공 신화의 주인공이 된 것입니다.

그러나 그의 본업은 오히려 그 화려한 성공 뒤에 시작되었습니다. 2007년 한국으로 영구 귀국한 그는 사회복지법인 '꿈 · 희망 · 미래 재단'을 설립하여 장학 사업과 북한 및 중국 아동들을 위한 복지사업을 시작했습니다. 이 재단은 한국인과 조선족 600명에게 장학금을 지급하고, 북한에 빵 공장을 설립하는 등 활발한 복지사업을 벌이고 있습니다.

한 기자가 그에게 왜 사회사업을 시작하게 되었는지를 묻자, 뜻밖의 이야기를 들려 주었습니다. 그는 한꺼번에 많은 돈을 벌고 난 후, 화려한 파티와 여행으로 원 없이 인생을 즐겨 보았다고 합니다. 그러나 3년쯤 지나자 인생이 지루하고 불행하게 느껴졌습니다. 그는 '어떻게 하면 행복해질까?' 를 고민하다가 우연히 남을 돕는 일을 하게 되었는데, 그때 느낀 행복감은 말로 표현할 수 없을 정도였습니다. 그 이후 그는 본격적으로 사회사업에 뛰어들게 되었습니다. 그는 말합니다.

"사회사업이야말로 돈을 많이 번 내가 인생을 즐기는 최고의 방법입니다. 이젠 정말 행복해졌습니다."

돈으로 행복을 사십시오. 진짜 내 돈은 번 돈이 아니라 제대로 쓴 돈입니다.

작은 부자의 세 번째 단계 … 부자의 선두 주자 5

나눔의 행복은 더 크다

"돈이란 하늘이 내게 잠시 빌려 준 것일 뿐입니다. 인간은 누구나 재물과 부요를 바라지만 태어날 때부터 갖고 태어난 사람도 없고, 떠날 때 가지고 떠나는 사람도 없습니다. 모으는 재산은 저마다 다르지만 세상을 등질 때는 모두 돌려줘야 한다는 데에는 예외가 없습니다."

'경영의 신' 이라 불렸던 대만 제2의 갑부 왕융칭이 죽음을 앞두고 마지막으로 자녀들에게 남긴 교훈입니다. 그는 자신의 유언대로 무려 9조 원에 달하는 재산을 사회에 환원하고 세상을 떠났습니다.

그는 가난한 집안 형편 때문에 15세에 초등학교를 졸업한 후 조그만 쌀가게에 취직을 해서 일해야 했습니다. 상재에 뛰어났던 그는 아버지에게 돈을 빌려 자신의 쌀가게를 차리고 장사를 하기 시작했습니다. 그는 '쌀에서 돌 골라 주기', '무료배달' 등 당시로서는 획기적인 고객 감동 서비스로 1년 만에 큰돈을 벌었습니다. 돈이 모이자 그는 정미소를 차렸습니다. 얼마 후 대만 정부가 공업 진흥책의 하나로 미국 원조 자금을 활용해 석유화학의 기초 원료인 폴리염화비닐(PVC) 공장을 건립하기로 한 것을 알게 된 그는 대만플라스틱을 창업하여 본격적인 기업 활동에 뛰어들게 됩니다. 새 양복 한 벌도 사치로 여기고, 목욕 수건 1장을 30년 쓰는 자린고비 경영으로 대만 최고의 플라스틱 그룹을 세운 왕융칭. 그가 일궈 낸 대만플라스틱 그룹은 30여 개 계열사, 직원 7만 명, 자산 1조 5,000억 대만달러(약 60조 원)로 대만에서 유일하게 세계 50대 기업에 들어가는 기업입니다. 그는 92세의 나이에 세상을 떠나면서 자기 재산의 대부분인 9조 원을 사회에 환원하였습니다.

큰 부자는 하늘이 내는 것입니다. 즉 아무리 자수성가해서 부자가 된 사람이라도 자기 혼자의 힘으로 부자가 된 것이 아니라는 말입니다. 하늘의 도움이 있었고, 다른 사람들의 도움이 있었기에 가능한 것입니다. 전설적인 부자 왕융칭은 이 사실을 누구보다 잘 알았기에 세상을 떠나면서 자신의 재산을 사회에 돌려주기로 결심한 것입니다.

세계 2위의 부자 워렌 버핏도 2006년 자기 재산의 85%인 370억 달러(약 35조 원)를 빌 게이츠 회장과 부인 멜린다 게이츠 여사가 운영하는 '빌 앤드 멜린다 게이츠 재단'에 기부하면서 이렇게 말했습니다. "저는 사회로부터 큰 도움과 기쁨을 얻었습니다. 미국 사회가 있었기에 저는 큰 부자가 될 수 있었습니다. 이제는 제가 받은 은혜를 사회에 돌려주어야 할 차례입니다."

서울여대 경영학과 한동철 교수도 "21세기형 부자는 물질적으로 풍요로우면서도 사회적으로 존경받는 인물이어야 한다. 부자가 쌓은 재산은 사회에서 생산된 것으로, 한마디로 부자가 아닌 사람들이 유 · 무형으로 도와준 결과이기 때문이다"라고 말하고 있습니다.

돈이 많다고 모두 큰 부자는 아닙니다. 정말 하늘이 내는 큰 부자는 이렇게 하늘의 뜻과 사회의 은혜를 깨닫는 인물입니다. 큰 부자 중에서 보통 사람들이 생각할 수도 없는 큰 재산을 사회에 기부하는 사람들이 나오는 것은 그만큼 자신이 받은 은혜를 깨달았기 때문입니다.

소크라테스는 "아무리 재산이 많은 사람이 있더라도 돈을 어떻게 쓰는지 알 수 있을 때까지는 그를 칭송하지 말라"라고 했습니다. 큰 부자란 돈을 많이 번 사람이 아니라, 큰돈을 하늘의 뜻을 따라 제대로 쓴 사람입니다.

재산은 제대로 쓸수록 불어납니다. 강원도에 감자 농사로 유명한 부자 농부가 있었습니다. 그 농부는 가을에 거두어들인 감자를 창고에 쌓아 두고 주일날만 되면 어려운 사람과 교회 성도들에게 아낌없이 나누어 주었습니다. 그의 딸이 다른 집들도 감자가 있는데 왜 공짜로 나누어 주냐고 불평을 할 때면 "감자는 나눠 주어야 남는다"고 빙그레 웃을 뿐이었습니다. 그의 말대로 이듬해 봄이 되면 다른 사람들은 저장해 두었던 감자 중 대부분이 썩고 일부만 남게 되지만, 이 농부의 감자는 썩지 않고 온전히 봄까지 남아 있었다고 합니다. 매주 감자를 나누어 주면서 미리미리 썩은 감자를 골라낼 수 있어서, 더 이상 감자가 썩는 것이 방지되었기 때문입니다.

재물도 마찬가지입니다. 인색하게 쌓아 놓기만 하면 그만 썩어 버려서 그 사람을 망하게 합니다. 그러나 재물을 다른 사람을 위해서 사용하면 오히려 재물이 더 커지는 축복을 받게 됩니다.

예수님께서도 "주는 것이 받는 것보다 복이 있다"사도행전20:35라고 말씀하셨습니다. 『성공하는 사람들의 7가지 습관』의 저자 스티븐 코비는 사람들은 '고갈의 관념'을 가지고 있다고 말합니다. '고갈의 관념'이란 내 것을 나누어 주면 내 것이 작아진다고 생각하는 계산법입니다. 마치 하나의 파이를 여러 명이 나누어 먹는 것처럼 생각하는 것입니다. 그러나 예수님은 우리에게 '풍요의 관념'을 가르쳐 주십니다. 마치 산속의 옹달샘은 마셔도 없어지지 않고 계속해서 시원하고 달콤한 물이 솟아나듯이, 재물도 여럿이 나누어 먹을수록 더 풍성해지는 것입니다.

미국의 경영학자 필립 코틀러도 『착한 기업이 성공한다』에서 "지역사회에 봉사하고 기부하고 선을 행하는 기업이 성공한다"라고 밝히고 있습니다. 이웃과 사회에 선을 행하고 도움을 주는 기업은 사회와 더불어 더 성장하게 마련입니다. 미국의 석유 재벌, 억만장자 폴 게티는 이렇게 말했습니다. "혼자서 100%를 갖는 것보다는 100명에게서 1%씩을 갖는 것이 당신을 더 부자로 만듭니다." 기업의 입장에서 가난한 이웃을 돕는 것은 잠재적인 소비자를 만드는 것이니 엄청난 투자인 셈입니다.

무엇보다도 재산을 나누면 행복이 만들어집니다. 미국의 시인 휘티어는 "가장 많이 베푸는 사람이 가장 행복한 사람이다"라고 말했습니다.

이 말을 증명이라도 하듯이, 587억의 재산을 KAIST에 기부한 류근철 박사는 대학에 기부를 하고 나서 잠도 잘 오고, 협심증과 폐렴도 없어졌다고 하면서 '기부는 최고의 건강 비결,

행복 비결' 이라고 추천하고 있습니다.

전쟁의 폐허 속에서 태성고무화학을 세워 평생을 고무 산업에 바치며 국가 경제 발전에 이바지 한 기업가 정석규 회장. 경영 일선에서 물러난 뒤, 그는 신양문화재단을 세워 돈 버는 사업이 아니라 돈 나누어 주는 사업에 나섰습니다. 그는 서울대학교와 로터리클럽 등을 통해 130억 원이 넘는 재산을 기부하면서 보람되고 행복한 시간을 보내고 있습니다. "좋은 것 입고 좋은 것 먹는다고 과히 행복하진 않아요. 돈은 더 기분 좋고 더 멋지게 쓰는 게 좋습니다. 주는 기쁨이 받는 기쁨보다도 훨씬 큽니다"라는 그의 말 속에서 참 행복이 무엇인지 다시 한 번 생각하게 됩니다.

행복은 나눔에 있습니다. 그리고 한 사람이 느낀 나눔의 행복은 그로 인해 도움을 받는 많은 사람들에게 행복을 전해 줍니다. 나눔의 행복은 전염되는 법입니다.

최근에 발표된 미국의 하버드 의대 니콜라스 크리스타키스 교수와 캘리포니아 대학 제임스 파울러 교수의 논문에서도

"행복은 일반적인 통념보다 훨씬 전염성이 강하다. 이웃의 행복은 당신의 행복에 큰 영향을 준다"라고 밝히고 있습니다.

이처럼 나눔의 행복이 친구와 이웃에게 전염되고, 또 나눔으로 도움을 받은 사람의 행복이 친구와 이웃에게 전염된다면 우리 사회는 행복이 가득한 사회가 될 것입니다. 그래서 나눔의 행복은 그 어떤 행복보다 더 큰 것입니다.

무엇보다 더 큰 나눔의 행복으로 인생을 가득 채우십시오.

아무리 부자라 할지라도 자선을 행할 줄 모르는 사람은,
맛있는 요리가 소금도 없이 식탁에 가득한 것과 같다.
촛불은 다른 많은 초에 불을 나누어 붙여도 처음의 빛이 약해지지 않는다.
– 유대인 지혜서, 탈무드

화장품 브랜드 '꽃을 든 남자'로 유명한 소망화장품 강석창 대표의 성공 비결은 '나눔의 삶'입니다.

그는 군대를 제대한 후, 조그만 화장품 회사에 들어갔습니다. 월급쟁이 시절, 그는 15,000원이면 아프리카의 한 가족이 한 달을 먹고 살 수 있다는 신문 기사를 보고, 국제기아대책기구와 가난한 이들을 위해 무료 개안수술을 해 주는 실로암 안과에 후원하기로 결심했습니다. 그의 기부는 좀 무모해 보일 정도였습니다. 회사에서 영업용 차량을 구입하라고 나온 1,200만 원을 자신의 돈과 함께 기부하고, 대신 60개월 할부로 차를 구입하여 갚은 일도 있었습니다. 마침 그 돈은 백내장 수술 기기를 구입하고 돈이 모자라서 기기를 다시 내다 팔아야 할 지경에 놓인 실로암 안과에 꼭 필요한 금액이었다고 합니다.

그리고 그는 1992년 소망화장품을 창업하면서, 회사 매출액의 1%를 사회에 기부하기로 약속했습니다. 직원 2명으로 시작한 작은 회사였지만 약속은 철저히 지켰습니다.

재물은 나눌수록 커진다고 하나님은 그의 사업을 축복하셨습니다. 1997년 내놓은 '꽃을 든 남자'의 스킨샤워가 히트를 치면서 매출액이 20억 원을 넘어선 것입니다. 그러자 그는 기부액을 2%로 늘렸습니다. 따로 1%를 더 떼어 월드비전을 통해 북한 어린이를 돕기 시작한 것입니다.

하나님의 축복은 차고도 넘쳤습니다. 이번에는 남성용 컬러로션이 "얼굴이 장난이 아닌데"라는 광고 카피를 전 국민의 유행어로 만들면서 인기를 끌었습니다. 어느덧 소망화장품이 연 매출 800억 원의 중견 기업으로 성장하게 되자, 그 2%인 16억 원을 다시 사회에 기부했습니다.

그는 말합니다. "사람들의 소망을 이루는 기업이 될 겁니다." 그가 이웃에게 나누어 준 것은 단지 돈뿐만이 아닙니다. 그는 희망을 나누고 있는 것입니다.

큰 부자는 하나님이 맡기신 재물을 이웃과 함께 나누면서, 더불어 희망과 행복도 함께 나누는 사람입니다. 큰 부자가 되십시오. 그리고 나눔의 행복을 누리십시오.

모든 행동에는 한 가지 기본 진리가 있다.
그것은 우리가 진정으로 하겠다는 결단을 내리는 순간부터
하늘도 움직이기 시작한다는 것이다.
– 독일 시인, 괴테

참고문헌

1장 가난에서 탈출하라

- 〈작은 부자 되기 프로젝트〉, 《주간동아》, 2007. 9. 25. (제604호)
- 〈짐캐리 LA현지 인터뷰〉, 《국민일보》, 2004. 12. 6.
- 〈행복한 재테크〉, 《Economy21》, 2007. 12. 10.
- 권선영, 『왕비 재테크』, 길벗, 2007.
- 홍일태, 『9평 가게로 백만장자 되기』, 열매, 2004.
- 이나모리 가즈오, 김형철 역, 『소호카의 꿈』, 선암사, 2004.
- 한동철, 『부자학개론』, 씨앗을 뿌리는 사람, 2005.
- 방현철, 『부자들의 자녀교육』, 이콘, 2007.
- 서정명, 『워렌 버핏처럼 부자되고 반기문처럼 성공하라』, 무한, 2008.
- 로버트 기요사키 · 샤론 레흐트, 형선호 역, 『부자 아빠 가난한 아빠 1』, 황금가지, 2008.
- 토머스 J. 스탠리, 『백만장자 마인드』, 북하우스, 2007.
- 문미화 · 민병훈, 「세계화장품 여왕, 헬레나 루빈스타인」, 『유태인식 경제교육』, 달과소, 2007.
- 〈당당한 부자〉, 《머니투데이(http://www.mt.co.kr)》, 2004. 11. 10.
- 〈쓰레기 속에서 건져진 희망-사미 기타우〉, 《국민일보》, 2007. 12. 14.
- 이명박, 『신화는 없다』, 김영사, 2005.

- 〈중국 개혁개방의 발원지 샤오강촌을 가다〉, 《국민일보》, 2008. 12. 15.
- 〈길거리 스낵카 연 1억매출 김석봉 사장〉, 《국민일보》, 2005. 1. 13.
- 한동철, 『부자로 가는 스쿨버스』, 21세기북스, 2007.
- 〈아버지 페라가모는 진정한 구두장이〉, 《헤럴드 경제》, 2009. 5. 6.
- 살바토레 페라가모, 안진환 역, 『꿈을 꾸는 구두장이』, 웅진씽크빅, 2004.
- 〈장사로 부자 되려면 고객과 함께 놀아라〉, 《주간한국》, 2008. 5. 19. (제2223호)
- 김영한, 『총각네 야채가게』, 거름, 2003.
- 〈이웃사랑 몸소 실천하는 후랜드김밥 대표 유영숙 권사〉, 《크리스천투데이》, 2008. 4. 6.
- 〈한국의 CEO는 아침형 인간〉, 《포브스 코리아》, 200811호
- 토머스 J. 스탠리, 홍정희 역, 『이웃집 백만장자』, 리드리드, 2002.
- 혼다 켄, 홍찬선 역, 『부자가 되려면 부자에게 점심을 사라』, 더난, 2004.
- 한상복, 『한국의 부자들』, 위즈덤하우스, 2003.
- http://cafe.daum.net/mmnix (다음 카페 짠돌이)
- 앨빈 토플러, 김중웅 역, 『부의 미래』, 청림, 2006.
- 〈'놀부' 수많은 실패 자양분 삼아 외식기업 대명사로〉, 《주간한국》, 2008. 5. 12. (제2222호)
- 도널드 트럼프, 이무열 역, 『트럼프의 부자 되는 법』, 김영사, 2004.
- 다이애나 홍, 『책읽기의 즐거움』, 김영사, 2008.
- 로버트 기요사키 · 도널드 트럼프, 김재영 · 김성미 역, 『기요사키와 트럼프의 부자』, 리더스북, 2007.
- 〈배한성의 아주 특별한 인터뷰-민들레영토 지승룡 대표〉, 《노컷뉴스》, 2007. 10. 9.
- CBMC(한국기독실업인회), 『한국의 CEO들』, 도마의 길, 2008.
- 후루이치 유키오, 이진원 역, 『1일30분』, 이레, 2007.
- 〈TV를 끄세요, 수명이 우아하게 연장됩니다〉, 《신동아》, 2007. 12. (제579호)
- 고재학, 『내 아이를 지키려면 TV를 꺼라』, 예담프렌드, 2005.

2장 부자의 대열을 따라가라

- 〈샐러리맨이 잘되야 대한민국이 큰다-박현주 회장〉, 《일요서울》, 2008. 9. 30.
- 이상건, 『부자들의 생각을 읽는다』, 비아북, 2008.
- 〈기회의 땅 중국…차이나 드림의 주인공들〉, 《월간 머니》, 2008. 9. (제40호)
- 〈부자사례①셋방살이→자수성가〉, 《중앙일보 조인스랜드》, 2005. 4. 3.
- 〈판매왕들이 말하는 세일즈 비법〉, 《월간조선》, 2009. 2월호.
- 〈주부에서 월매출 150억 회사의 CEO로 변신한 박형미 사장〉, 《레이디경향》, 2008. 1월호.
- 마크 피셔, 지소철 역, 『백만장자 키워드』, 광개토, 2000.
- 나폴레온 힐, 김정수 역, 『나폴레온 힐 성공의 법칙』, 중앙경제평론사, 2007.
- 나폴레온 힐, 남문희 역, 『생각하라! 그러면 부자가 되리라』, 국일, 2001.
- 정승훈 · 이광호, 『한국 CEO의 경영 연금술』, 평단, 2005.
- 〈[리빙 앤 조이] 요리도 인생도 高手〉, 《서울경제》, 2009. 2. 25.
- 〈[조리사출신 호텔임원 3人] "요리로 임원. 억대연봉 꿈 이뤘죠"〉, 《한국경제》, 2002. 12. 9.
- 러셀 콘웰 外, 김인엽 역, 『100년 전 부자의 특별한 선물』, 휴먼하우스, 2007.
- 〈'간잽이' 50년 외길인생 이동삼씨〉, 《한국일보》, 2008. 12. 28.
- 〈안동 간고등어의 '최상의 맛'의 비결〉, 《매일신문》, 2007. 9. 20.
- 박경철, 『시골의사의 부자경제학』, 리더스북, 2008.
- 혼다 켄, 박정일 역, 『행복한 작은 부자의 8가지 스텝』. 청림, 2003.
- 〈저도 빙판에서 수없이 넘어지고 울었죠-김연아〉, 《조선일보》, 2008. 12. 31.
- 〈김이경 대표 "평소 좋아하던 호두파이로 승부"〉, 《문화일보》, 2006. 7. 13.
- 〈사랑과 정성 담긴 '삼순이 호두파이' 김이경 대표〉, 《BIZPLACE》, 2008. 10. 13.
- 〈[오늘의 경제소사/4월13일] 페니〉, 《서울경제》, 2006. 4. 12.
- 〈[크리스천 CEO] 동구제약 이경옥 회장〉, 《국민일보》, 2007. 3. 18.

- 《[CEO파일] "광고할 돈으로 신약 개발에 투자"〉, 《뉴스메이커》, 2003. 10. 30. (제546호)
- 김성오, 『육일약국 갑시다』, 21세기북스, 2008.
- 피터 번스타인 · 애널린 스완, 김명철 · 김고명 역, 『리치』, 21세기북스, 2008.
- 랄프 슈릴러 · 게오르그 바이스하우프트, 한주연 역, 『부와 성공을 말하다』, 지상사, 2008.
- 임종천, 『하나님 마음에 합한 부자 되는 법』, 베드로서원, 2008.
- 백승헌, 『네 안의 부자본능을 깨워라』, 청림, 2007.
- 레이옌칭, 김문주 역, 『부자친구에게 배우는 45가지 인생 공부』, 웅진윙스, 2007.
- 《[한국을 빛낼 중견기업] 이레전자 정문식 사장〉, 《서울신문》, 2005. 5. 10.
- 《[다시 뛰는 벤처 CEO의 새해도전] 이레전자 정문식 사장 〉, 《국민일보》, 2005. 3. 13.
- 로버트 기요사키 · 샤론 레흐트, 형선호 역, 『부자 아빠 가난한 아빠 2』, 황금가지, 2008.
- 릭 에덜먼 · 박용석, 이진원 역, 『부자가 되는 길』, 위즈덤하우스, 2008.
- 이대표 · 이부연, 『부자가 되는 기술』, 토네이도, 2008.
- 〈역경의 열매-채의숭〉, 《국민일보》, 2007. 1. 15~16.
- 〈美 MIT 그루버 교수 연구논문… 교회 다니면 富도 따른다〉. 《국민일보》, 2005. 10. 26.
- 막스 베버, 박성수 역, 『프로테스탄티즘의 윤리와 자본주의 정신』, 문예, 1996.
- http://www.mgoon.com/ (인애교회 2008년 신년부흥성회 간증 동영상)
- 《[전문기업 그랑프리] ㈜서희건설〉, 《한국일보》, 2005. 10. 12.
- 《[크리스천 CEO] 이봉관 회장"교회 건축에 열성 다하니 하나님께서…"〉, 《국민일보》, 2007. 7. 1.

3장 부자들의 앞줄에 서라

- 《[인생역전 스토리] 이상준 골든브릿지 회장 "돈은 모래와 같아"》, 《매일경제》, 2008. 9. 12.
- 〈이상준 골든브릿지 회장의 실패를 두려워 않는 성공 마인드〉, 《헤럴드 경제》, 2007. 12. 18.
- 엘리자베스 퀴블러 로스, 김소향 역, 『상실 수업』, 이레, 2007.
- 《[배한성의 아주특별한 인터뷰] '쇼호스트의 자존심' 유난희》, 《노컷뉴스》, 2007. 10. 1.
- 머니투데이 특별취재팀, 『부자의 지갑에는 남다른 철학이 있다』, 더난, 2005.
- 〈샐러리맨은 그를 보며 꿈꾼다 〉, 《Economist》, 2008. 8. 26.
- 〈 '늦깎이 오너신화' 윤윤수 휠라코리아 회장〉, 《경향신문》, 2005. 3. 6.
- 《[인물포커스]연봉 24억 휠라코리아 윤윤수 사장》, 《동아일보》, 2001. 2. 1.
- 〈해리포터 쓴 조앤 롤링, 날마다 10억 원씩 벌어 〉, 《중앙일보》, 2008. 10. 4.
- 〈창조혁명- '국가개조공장' 영(英) NESTA 〉, 《조선일보》, 2009. 1. 5.
- 《[실버케어] 귀농인생 2모작 주말농장으로 준비를》, 《매일경제》, 2008. 4. 17.
- 〈역발상 신념이 일궈낸 '5℃ 이온쌀' 〉, 《국정브리핑》, 2007. 1. 30.
- 황농문, 『몰입』, 랜덤하우스, 2008.
- 〈성경 속 사업 아이디어로 위기 극복한 정현돈 장로〉, 《국민일보》, 2008. 12. 19.
- 장순옥, 『부자들의 상상력』, 살림Biz, 2008.
- 스티븐 K. 스캇, 오윤성 역, 『솔로몬 부자학 31장』, 지식노마드, 2007.
- 이진우, 『39세 100억 젊은 부자의 믿음』, 매일경제신문사, 2008.
- 〈 '원집' 개발 PC천재의 황폐한 죽음〉, 《중앙일보》, 2002. 2. 23.
- 김영식, 『10미터만 더 뛰어봐』, 중앙북스, 2009.
- 〈천호식품 김영식 회장의 뚝심성공법〉, 《뉴스한국》, 2009. 2. 23.
- 《[주목! 이 사람] (주)천호식품 김영식 회장》, 《부산일보》, 2009. 2. 18.
- 〈노부모 냉방 가둔 '패륜' …아버지 끝내 사망〉, 《경향신문》, 2006. 8. 21.

- 〈노부모를 한겨울 냉방에 두고 여행… 40대 사장 아들 구속 〉, 《문화일보》, 2006. 8. 21.
- 대니얼 길버트, 최인철 역, 『행복에 걸려 비틀거리다』, 김영사, 2006.
- 〈돈으로 '행복' 사려면? 남을 위해 써라!〉, 《문화일보》, 2008. 4. 2.
- 〈"돈으로 행복해지려면 남 위해 써라"–사이언스〉, 《연합뉴스》, 2008. 3. 21.
- 짠돌이카페 슈퍼짠 10인 공저, 『누구나 월급만으로 1억 모은다』, 길벗, 2007.
- 〈"늙어선 남을 위해 쓰는 돈이 내 돈이죠"〉, 《중앙일보》, 2009. 2. 20.
- 〈"돈은 하늘이 잠시 빌려준 것…내 재산 사회 환원"〉, 《조선일보》, 2008. 11. 12.
- 〈맨주먹으로 대만 최대그룹 일군 故왕융칭 회장〉, 《동아일보》, 2008. 11. 12.
- 〈작고한 대만 갑부 "돈은 하늘이 빌려준 것"〉, 《연합뉴스》, 2008. 11. 12.
- 필립 코틀러, 남문희 역, 『착한 기업이 성공한다』, 리더스북, 2006.
- 〈[특집]기부 욕심을 비우고 행복을 채운다〉, 《weekly경향》, 2008. 11. 4. (제798호)
- 〈"천사같이 벌지는 못했지만!"〉, 《머니투데이》, 2008. 10. 23.
- 〈아름다운 CEO들〉, 《업코리아》, 2009. 1. 19.
- 〈[강석창 사장 인터뷰] 10년만에 100배 성장 신화창조〉, 《국민일보》, 2002. 2. 23.
- 〈매출액 1%적립 5억원 월드비전에 기증…소망화장품 강석창 사장〉, 《국민일보》, 2002. 3. 26
- 〈[Special Report] 중소 기업 사례 – 강석창 소망화장품 사장〉, 《매경이코노미》, 2003. 12. 19

김성광박사 부자학시리즈 2

큰 부자도 부럽지 않은

작은 부자

초판 1쇄 발행 2009년 7월 1일

지은이 김성광
펴낸이 이효재
펴낸곳 도서출판 강남

등록번호 322-2007-000277
주소 서울시 강남구 대치동 951
문의전화 02 562 6637 **팩스** 02 3452 5897

값 8,000원
ISBN 978-89-960535-9-0 (03320)

부자국민 부자국가 **도서출판 강남**

기적과 축복의 성산

강 남 금 식 기 도 원

Kangnam Fasting Prayer Mountain

경기도 가평군 청평면 삼회리 158

Tel: 031 584 1001 ·Fax: 031 584 3357

www.kangnampm.or.kr (한글: 강남금식기도원)